Sigrid Born/Nicole Würth

Erben, vererben und vermachen

Sigrid Born/Nicole Würth

Erben, vererben und vermachen

Erbfolge – Testament – Pflichtteil –
Schenkung – Erbengemeinschaften –
Steuern – Die besten Tipps

5., aktualisierte Auflage

Linde
international

Bibliografische Information der Deutschen Nationalbibliothek
Die Deutsche Nationalbibliothek verzeichnet diese Publikation in der Deutschen Nationalbibliografie; detaillierte bibliografische Daten sind im Internet über http://dnb.d-nb.de abrufbar.

ISBN 978-3-7093-0617-8
ISBN 978-3-7094-0755-4 (E-Book-PDF)
ISBN 978-3-7094-0756-1 (E-Book-ePub)

Umschlag: buero8
Satz: Hannes Strobl, Satz·Grafik·Design, 2620 Neunkirchen

1210 Wien, Scheydgasse 24, Tel.: +43/1/24 630
www.lindeverlag.de
www.lindeverlag.at

Druck und Bindung: PBtisk a.s.
Dělostřelecká 344, 261 01 Příbram, Tschechien – www.pbtisk.eu
5

Inhalt

Einleitung

„Nach mir die Sintflut“ – das ist immer noch eine weit verbreitete Ansicht, wenn es darum geht, was aus dem mühsam Angesparten werden soll, wenn man mal stirbt. Für die meisten Menschen ist der eigene Tod ein Tabuthema.

Klare Anweisungen

Doch ist es nicht ein gutes Gefühl, zu wissen, dass alles geregelt ist? Dass man keine Ratlosigkeit hinterlässt, sondern klare Anweisungen?

Die erbittertsten Auseinandersetzungen innerhalb der Familie gibt es oft dann, wenn der Nachlass des Verstorbenen verteilt werden muss und nicht klar geregelt ist, wer was erhalten soll. Da kommen alte Eifersüchteleien hoch, längst vergessene Konkurrenzkämpfe und die Angst, immer zu kurz zu kommen.

Das Gewitter unter den Erben lässt sich aber vermeiden, wenn der Verstorbene ein Testament zurücklässt, an das sich alle halten können und das keinen Raum für verquere Interpretationen lässt. Somit hat auch der Erblasser selbst die innere Gewissheit, dass sein Nachlass wirklich demjenigen zukommt, den er nach seinem Tod berücksichtigen will.

Nicht jeder hat ein Testament

Doch warum machen dann so wenige Menschen ein Testament? Bei vielen ist es die Befürchtung, etwas falsch zu machen und sich in den komplizierten Gesetzen, die es in Deutschland gibt, nicht zurechtzufinden.

Dieser Ratgeber soll dem Leser helfen, seine Erbschaftsangelegenheiten zu regeln. Er erklärt, wie man am besten ein Testament errichtet, und gibt einen strukturierten Überblick über das deutsche Erbrecht.

Alternativen zum Testament und Enterben sind dabei genauso ein Thema wie das Verschenken von Vermögen zu Lebzeiten oder das Erbrecht bei nichtehelichen Lebensge-

Hilfe für Erben

meinschaften. Auch das Erbschaftssteuerrecht ist berücksichtigt. Wie viel Steuern müssen die Erben bezahlen? Wie werden Immobilien beim Erbe bewertet? Eine Checkliste hilft zudem, die Unterlagen für die Nachfahren zu ordnen.

Berücksichtigt ist darüber hinaus die Europäische Erbrechtsverordnung (EU-ErbVO), die für alle Erbfälle seit dem 17. August 2015 gilt. Die Verordnung regelt, welches nationale Recht angewendet wird, wenn jemand stirbt, der im Ausland gelebt hat. Entscheidend ist jetzt nicht mehr die Staatsangehörigkeit des Erblassers, sondern wo er zuletzt seinen gewöhnlichen Aufenthalt hatte.

Neu eingefügt haben wir auch wichtige Tipps zum digitalen Vererben. Denn fast jeder von uns besitzt Fotos auf einem Rechner, Zugänge zu Online-Shops, digitalen Netzwerken oder E-Mail-Accounts oder Bücher auf einem E-Reader. Im digitalen Zeitalter ist es unumgänglich, auch im Hinblick auf diese Inhalte für den Todesfall vorzusorgen.

Die Erben selbst finden hier ebenfalls alle Informationen, die sie brauchen, wenn der Ernstfall eingetreten ist. Ist ein Angehöriger gestorben, gibt das Buch einen Überblick über das, was zu tun ist und was auf die Erben zukommen wird. Auch hier leistet eine Checkliste erste Hilfe in der traurigen Zeit kurz nach dem Tod des Angehörigen.

Januar 2016 — Sigrid Born/Nicole Würth

KAPITEL 1

Die gesetzliche Erbfolge

Wer erbt eigentlich, wenn der Erblasser weder Testament noch Erbvertrag hinterlassen hat? Diese Frage ist wichtig, denn nur knapp 30 Prozent aller Deutschen legen zu Lebzeiten fest, was nach dem Tod mit dem eigenen Vermögen passieren soll. Bei all denjenigen, die das nicht tun, tritt automatisch die gesetzliche Erbfolge ein. Für sie regelt der Staat, was nach dem Tod mit dem Nachlass geschieht.

Ohne Testament gilt gesetzliche Erbfolge

Ob das dem künftigen Erblasser recht ist, kann er aber erst beurteilen, wenn er weiß, wer nach der gesetzlichen Erb-

GUT ZU WISSEN

Erben nach Ordnungen

Erben erster Ordnung sind immer die direkten Abkömmlinge des Verstorbenen, das heißt seine Kinder, die Enkel und die Urenkel. Dazu gehören auch die nichtehelichen Kinder.

Erben zweiter Ordnung: Dazu gehören zum einen die Eltern des Verstorbenen, aber auch deren Abkömmlinge. Das sind dann die Geschwister des Toten, seine Neffen und Nichten so wie auch deren Kinder.

Erben dritter Ordnung: Darunter fallen die Großeltern des Verstorbenen sowie deren Abkömmlinge, also Onkel, Tanten, Cousins und Cousinen sowie deren Kinder.

Erben vierter Ordnung sind entferntere Voreltern des Verstorbenen wie Urgroßeltern sowie deren Abkömmlinge.

Erben fünfter und weiterer Ordnung sind entferntere Voreltern des Verstorbenen sowie dessen Abkömmlinge.

Faustregel: So lange ein Verwandter aus der vorrangigen Ordnung beim Tod des Erblassers noch lebt, gehen alle Verwandten der niedrigeren Ordnung leer aus. Ehepartner spielen dabei eine gesonderte Rolle.

folge überhaupt erben würde. Erst dann kann er nämlich einschätzen, ob ein Testament in seinem Fall sinnvoll ist oder nicht.

Die verschiedenen Ordnungen

Wenn es um die Frage geht, wer von den Verwandten erbt, teilt der Gesetzgeber die Erben in verschiedene Ordnungen ein: Hat der Erblasser Verwandte erster Ordnung wie etwa Kinder, dann gehen die Erben der nachrangigen Ordnung leer aus. Gibt es dagegen keine Erben der ersten Ordnung, kommen die Erben der zweiten Ordnung, also Eltern und Geschwister, zum Zuge. Gibt es auch keine Erben der zweiten Ordnung, dann erben die Erben dritter Ordnung und so weiter.

Wenn der Verstorbene Kinder hinterlässt

Kinder erben immer!

Hinterlässt der Verstorbene Kinder, dann sind diese immer seine gesetzlichen Erben. Denn sie sind Erben erster Ordnung und schließen damit die Erben der anderen Ordnungen von der gesetzlichen Erbfolge aus. Hat der Verstorbene mehrere Kinder hinterlassen, erben diese zu gleichen Teilen. So bekommt bei zwei Kindern jedes die Hälfte des hinterlassenen Vermögens, bei drei Kindern jedes ein Drittel, bei vier Kindern jedes ein Viertel und so weiter.

Ist eines der Kinder des Verstorbenen bereits tot, bekommen die anderen seinen Anteil zu gleichen Teilen.

Doch Vorsicht: Nicht immer können sich die Geschwister in diesen Fällen über ein größeres Erbe freuen. Hat nämlich das verstorbene Kind des Erblassers selbst Kinder hinterlassen, treten diese Enkelkinder des Erblassers an seine Stelle und bekommen dann den Anteil des verstorbenen Kindes.

BEISPIEL

Fall 1: Der Erblasser hinterlässt drei Kinder. Emma, Susanne und Ralf. Eigentlich würde jeder ein Drittel des Erbes bekommen. Ist Ralf zum Zeitpunkt des Erbfalles auch schon tot, bekommen Emma und Susanne je die Hälfte.
Fall 2: Der Sohn Ralf ist zwar verstorben, hinterlässt aber selbst zwei Kinder. In diesem Fall erben Emma und Susanne je ein Drittel. Das eigentlich Ralf zustehende Drittel teilen sich seine zwei Kinder. Die beiden Kinder bekommen also je ein Sechstel.

Enkel treten in die Fußstapfen der Kinder

Lebt ein Erbe, so schließt er seine eigenen Abkömmlinge von der Erbfolge aus. Enkel sind so zwar Erben erster Ordnung – genauso wie die Kinder des Erblassers. Sie bekommen aber nichts, wenn die Großeltern sterben und die Eltern (und damit die Kinder der Verstorbenen) noch am Leben sind.

BEISPIEL

Die Erbfolge
Toni hinterlässt zwei Kinder namens Emma und Ralf. Emma und Ralf haben selbst Kinder, nämlich Markus und Hanna. Stirbt Toni, erben Emma und Ralf. Die Enkelkinder Markus und Hanna erben von Toni nichts.

Gibt es mehrere Erben, werden diese zu einer Erbengemeinschaft. Mehr dazu lesen Sie im Kapitel „Erbengemeinschaften – Vorsicht, explosiv!“.

Nichteheliche Kinder

Unklare Vaterschaft

Hat der Verstorbene neben seinen ehelichen Kindern auch nichteheliche, so sind diese in gleicher Weise erbberechtigt, denn sie gehören genauso zur Erbengemeinschaft.

Das gilt unabhängig davon, ob die nichtehelichen Kinder von ihrer Mutter oder ihrem Vater erben. Erben sie von ihrem Vater, so muss die Vaterschaft des Erblassers allerdings feststehen. Das ist dann der Fall, wenn der Verstorbene die Vaterschaft zu Lebzeiten anerkannt hat. Die Vaterschaft kann aber auch im Nachhinein, also im Erbfall festgestellt werden. Das geht aber nur, wenn derjenige, der behauptet, ein nichteheliches Kind zu sein, keinen anderen „Vater" hat. Wenn das Kind also aus einer intakten Ehe stammt, dann muss es erst die Vaterschaft des bis dahin legitimen Vaters anfechten.

Nichteheliche und eheliche Kinder sind gleichgestellt

Dass nichteheliche Kinder von ihrem Vater gleichberechtigt erben wie eheliche war übrigens nicht immer so. Diese Regelung gilt vielmehr erst seit dem 1. April 1998. Davor hatten nichteheliche Kinder nur einen so genannten Erbersatzanspruch gegen die Erben. In Höhe des normalen gesetzlichen Erbanspruchs hatten sie demnach zwar einen finanziellen Anspruch gegenüber den Erben. Sie konnten aber nicht mitreden, wenn es etwa um die Verteilung von Immobilien ging, und sie waren auch nicht Mitglied der Erbengemeinschaft.

Stichtag

Die Neuregelung, die besagt, dass nichteheliche Kinder von ihrem Vater genauso erben wie eheliche Kinder, gilt im Übrigen nur für Kinder, die nach dem 1. Juli 1949 geboren sind. Die vor diesem Tag geborenen Kinder gehen beim Tod des nichtehelichen Vaters leer aus.

Adoptierte Kinder

Mit der Adoption wird das Verwandtschaftsverhältnis des Kindes zu seiner leiblichen Familie aufgelöst. Stattdessen wird es in seine neue Familie vollständig eingegliedert. Das hat zur Folge, dass es gegenüber seinen Adoptiveltern dieselbe erbrechtliche Stellung hat wie die leiblichen Kinder. Es wird also so getan, als ob das Kind schon seit seiner Geburt ein leibliches Kind der annehmenden Eltern wäre. Demnach erbt es auch genauso.

Ausnahme

Ist das Kind jedoch erst als Volljähriger adoptiert worden, gibt es Besonderheiten: Das Kind ist mit weiteren Angehörigen der annehmenden Eltern nicht automatisch verwandt. Es erbt auch nicht ohne Weiteres von ihnen.

BEISPIEL

Fall 1: Toni und Inge adoptieren den 20-jährigen Peter. Bei einem Autounfall kommen die Adoptiveltern ums Leben. Peter erbt von seinen Adoptiveltern wie ein leibliches Kind. Drei Jahre später stirbt auch Inges Mutter Maria. Peter erbt nichts von Inges Mutter.
Fall 2: Peter wurde schon mit 16 Jahren adoptiert. Er würde im gleichen Fall zunächst von seinen Adoptiveltern erben und drei Jahre später auch noch von Maria.

Adoption von Erwachsenen

Ausnahmsweise kann das Vormundschaftsgericht bei einer Erwachsenenadoption aber eine so genannte Volladoption aussprechen. Das ist etwa dann der Fall, wenn gleichzeitig weitere minderjährige Geschwister adoptiert werden sollen bzw. schon wurden oder wenn der Erwachsene, der adoptiert werden soll, schon als Minderjähriger in der Familie aufgewachsen ist. Gleiches gilt auch, wenn der Annehmende sein eigenes nichteheliches Kind oder das seines Ehegatten adoptieren möchte.

Stiefkinder

Stiefkinder erben nur von ihren leiblichen Eltern. Von ihrem nichtleiblichen Vater oder ihrer nichtleiblichen Mutter erben sie nichts. Stiefeltern, die das anders regeln wollen, können ihre Stiefkinder natürlich in einem Testament als Erben einsetzen. Möglich ist unter Umständen auch, dass der nichtleibliche Elternteil das Stiefkind adoptiert. Dann erbt das Kind genau wie ein eigenes leibliches Kind.

Was erbt der Ehegatte?

Der Ehegatte hat Sonderstellung

In vielen Fällen stirbt der Erblasser und hinterlässt einen Ehepartner und zudem Kinder. Liegt kein Testament vor, vermuten die meisten Menschen, dass der Ehepartner automatisch alles erbt. Doch das ist nicht so.

Der Erbteil des Ehegatten berechnet sich vielmehr danach, welche Erben welcher Ordnung sonst noch vorhanden sind.

Faustregel

Faustregel: Je entfernter die Verwandten sind, die noch miterben, desto mehr bekommt der Ehepartner.

Pauschaler Zugewinnausgleich

Die Kinder des Verstorbenen sind Erben erster Ordnung und erben daher immer. Hinterlässt der Verstorbene Ehepartner und Kinder, ist der Ehepartner erst einmal zu einem Viertel erbberechtigt. Hat er mit dem Erblasser im Güterstand der Zugewinngemeinschaft gelebt, was in den allermeisten Ehen der Fall ist, dann bekommt er noch mal ein Viertel hinzu. Dieses Viertel dient dazu, den Ehepartner an dem während der Ehe gemeinsam angehäuften Vermögen teilhaben zu lassen. Es ist sozusagen ein pauschaler Zugewinnausgleich. Im Ergebnis heißt das: Der Ehepartner bekommt in der Regel die Hälfte, die Kinder teilen sich die andere Hälfte.

BEISPIEL

So viel erben der Ehepartner und die Kinder
Karl und Erna Meier sind verheiratet und haben zwei Kinder, Dirk und Philipp. Wenn Karl stirbt, bekommt seine Frau die Hälfte seines Vermögens. Ein Viertel davon bekommt sie aus gesetzlichem Erbrecht, das andere Viertel als eine Art Zugewinnausgleich. Die Kinder Dirk und Philipp teilen sich die andere Hälfte des Nachlasses. Sie bekommen vom Vater je ein Viertel des Erbes.

Ausschlagen ist manchmal günstiger

Wenn das Vermögen, das die Eheleute während der Ehe angehäuft haben, besonders groß ist, kann es für den Ehegatten aber auch ratsam sein, das Erbe erst einmal auszuschlagen. Anschließend lässt er sich den konkreten Zugewinnausgleich auszahlen. Diese Lösung bietet sich vor allem dann an, wenn die Quote des Zugewinnausgleichsanspruchs am Nachlass höher ist als 85,71 Prozent. Mehr dazu können Sie im Kapitel „Die Erbschaft annehmen – oder besser ausschlagen?“ nachlesen.

Kinderlose Ehe

Hinterlässt der Verstorbene keine Kinder oder sonstige Erben erster Ordnung, gibt es dafür aber Erben zweiter Ordnung wie Eltern oder Geschwister, bekommt der Ehepartner neben ihnen die Hälfte des Erbes, in der Regel wieder erhöht um ein Viertel als pauschaler Zugewinnausgleich.

BEISPIEL

Kinderlose Ehe
Peter und Rita sind verheiratet und haben keine Kinder. Peters Eltern leben noch. Stirbt Peter, erbt Rita die Hälfte seines Nachlasses plus ein Viertel aus der Zugewinngemeinschaft. Die Ehefrau erbt insgesamt also drei Viertel des Nachlasses. Das restliche Viertel erben die Eltern von Peter.

Nur wenn weder Erben der ersten noch der zweiten Ordnung existieren, bekommt der Ehepartner alles.

Erben bei Eheverträgen

Wie gesagt, leben die meisten Eheleute im Güterstand der Zugewinngemeinschaft. Doch durch einen Ehevertrag können Eheleute auch einen anderen Güterstand vereinbaren, etwa den der Gütertrennung oder der Gütergemeinschaft.

Güter-trennung

Haben die Eheleute vor einem Notar Gütertrennung vereinbart, dann erbt der Ehepartner regelmäßig weniger als derjenige, der in einer Zugewinngemeinschaft gelebt hat. Bei der Gütertrennung gelten folgende Grundsätze: Neben ein oder zwei Kindern des Verstorbenen erbt der Ehepartner immer gleich viel wie die Kinder. Hinterlässt der Erblasser also ein Kind, erbt das Kind die Hälfte und der Ehepartner die andere Hälfte. Lässt der Erblasser etwa zwei Kinder und die Ehefrau zurück, erben alle ein Drittel. Sind mehr Kinder vorhanden, bekommt der Ehepartner immer ein Viertel des Nachlasses.

Gibt es nur noch Verwandte der zweiten Ordnung, so bekommt der Ehepartner die Hälfte des Vermögens. Bei Verwandten der dritten Ordnung sind dann nur noch die Großeltern, nicht aber deren Abkömmlinge neben dem Ehepartner zur Hälfte erbberechtigt.

Güter-gemeinschaft

Haben die Eheleute Gütergemeinschaft vereinbart, gehört dem einen Ehepartner ohnehin die Hälfte des Vermögens. Das ist vor dem Tod seines Ehepartners schon so, und daran ändert sich auch nichts. Von der anderen Hälfte bekommt der überlebende Ehegatte ein Viertel, den Rest die Kinder. Gibt es keine Kinder oder Enkel, sondern nur Verwandte zweiter Ordnung, dann erbt der Ehepartner die Hälfte.

ACHTUNG

Abgesichert
Hier sieht man, dass es unter Umständen nicht ratsam ist, ohne Testament aus dem Leben zu scheiden, wenn man den Ehepartner abgesichert wissen will. Insbesondere dann, wenn der Erblasser eine Immobilie hinterlässt und der verwitwete Ehepartner die Kinder ausbezahlen soll, gerät dieser leicht finanziell ins Schwanken. Für Eheleute bietet sich in diesen Fällen ein so genanntes Berliner Testament an. Lesen Sie dazu den Abschnitt zum Berliner Testament auf Seite 42.

Der Voraus des Ehegatten

Haushaltsgegenstände bleiben außen vor

Für Haushaltsgegenstände und Hochzeitsgeschenke hat das Gesetz eine Sonderregelung getroffen. Sie stehen dem überlebenden Ehegatten im Rahmen der gesetzlichen Erbfolge neben den Erben der zweiten Ordnung sowie den Großeltern automatisch als so genannter Voraus zu. Sie spielen damit bei der Erbquote keine Rolle. Im Verhältnis zu den Erben erster Ordnung hat der Ehegatte einen Anspruch auf diese Gegenstände, „soweit er sie zur Führung eines angemessenen Haushalts benötigt". Das gilt unabhängig vom Güterstand. Damit soll sichergestellt werden, dass der überlebende Ehegatte sein Leben – soweit das möglich ist – in gewohnter Art und Weise weiterleben kann. Er kann also etwa Teppiche und Möbel ebenso von vornherein behalten wie Bücher oder CDs. Erbt der überlebende Ehegatte aufgrund eines Testaments oder Erbvertrages, besteht der Anspruch auf den Voraus nur, wenn das im letzten Willen des Erblassers steht.

Geschiedene Ehepartner

Wer im Zeitpunkt des Todes seines Expartners bereits von diesem geschieden ist, erbt nichts. Das Gleiche gilt unter

Keine Erbschaft bei Scheidungsantrag

Umständen auch dann schon, wenn bei Gericht ein Scheidungsantrag gestellt wurde. Ist das allerdings noch nicht geschehen, oder hat der andere dem Antrag nicht zugestimmt, wird der überlebende Ehegatte Erbe.

Hatte der geschiedene Ehegatte einen rechtskräftigen Unterhaltsanspruch gegenüber dem Erblasser, kann er Ansprüche gegen die Erben geltend machen. Das gilt jedoch nur maximal bis zu der Höhe des Pflichtteils, den der Überlebende gegenüber seinem Expartner hätte geltend machen können.

Pflegende Angehörige

Die Anzahl pflegebedürftiger Personen steigt zunehmend. Zwei Drittel der auf Pflege angewiesenen Menschen werden im eigenen Zuhause von fürsorglichen Angehörigen versorgt. Doch kaum einer spricht über die finanzielle Seite. Die Angehörigen leisten enorm viel, und das über Jahre hinweg. Bis zum 31.12.2009 galt: Ist der Pflegebedürftige gestorben, ohne ein Testament zu hinterlassen, das einen Ausgleich für die Pflege vorsah, ging der Angehörige meist leer aus. Denn erbrechtliche Ausgleichsansprüche gab es bislang nur für Kinder, Enkel und Urenkel, die unter Verzicht auf ein eigenes berufliches Einkommen den Erblasser über längere Zeit gepflegt haben. Wer also nicht ausdrücklich für die Pflege seinen Job aufgegeben hatte, bekam keinen gesonderten Ausgleich für sein Engagement. Benachteiligt waren insbesondere viele Hausfrauen, die sich über Jahre hinweg um die Eltern gekümmert hatten. Gleiches traf aber auch auf die zunehmende Zahl der Rentner zu, die ebenfalls ihre eigenen Eltern gepflegt hatten. Und auch derjenige, der neben der Pflege berufstätig blieb, erhielt vom Erbe genauso viel wie seine Geschwister, die sich gar nicht gekümmert hatten.

Ausgleich für Pflegeleistungen

Seit dem 1. Januar 2010 hat sich das geändert. Wer pflegt, soll mehr erben. Kinder, Enkelkinder oder Urenkel erhalten nun für Pflegeleistungen eine gesonderte Vergütung, unabhängig davon, ob sie für die Pflegeleistungen auf ein eigenes berufliches Einkommen verzichten oder nicht. Über welchen Zeitraum die Pflege stattfinden muss, ist im Gesetz nicht geregelt. Wer etwa seine Mutter oder seinen Vater drei Wochen pflegt, wird sicherlich keinen finanziellen Ausgleich dafür bekommen. Ab einigen Monaten wird eine intensive Pflege aber berücksichtigt werden.

Wie hoch genau die Pflege zu veranschlagen ist, steht ebenfalls nicht im Gesetz. Die Bewertung der Leistungen wird sich wohl an der gesetzlichen Pflegeversicherung orientieren.

BEISPIEL

Marianne B. ist verwitwet. Sie wird von ihrer berufstätigen Tochter Heike gepflegt. Ihr Sohn Axel kümmert sich nicht um sie. Marianne B. stirbt, sie hat kein Testament gemacht, hinterlässt aber 100.000 Euro. Bislang hätten Heike und Axel jeweils 50.000 Euro geerbt. Seit dem 1. Januar 2010 ist die Pflegeleistung der Tochter – trotz Berufstätigkeit – zu vergüten. Gehen wir einmal davon aus, dass die Pflegeleistung mit 20.000 Euro bewertet wird. Vom Nachlass wird dieser Ausgleichsbetrag dann erst einmal abgezogen, so dass Heike 20.000 Euro bekommt. Von den verbleibenden 80.000 Euro erhalten beide Geschwister die Hälfte. Im Ergebnis erhält die Schwester demnach 60.000 Euro vom Erbe, der Bruder nur 40.000 Euro. Heikes Pflege der Mutter wird also finanziell belohnt.

Wichtig: Wer fürchtet, dass es unter den Erben zum Streit über die Vergütung der Pflegeleistung kommt, sollte vorsorgen. Denn meist kann im Nachhinein keiner der Beteiligten beweisen, in welchem Umfang er tatsächlich die Eltern gepflegt hat. Deshalb sollte der Angehörige, der pflegt, die erbrachten Aufwendungen möglichst dokumentieren. Am besten führt man eine Art Tagebuch, in dem man die Pflegeleistungen sowie das Datum und die Uhrzeit festhält. Wenn der zu pflegende Mensch noch kann, sollte er die Aufzeichnungen abzeichnen. Dieses Vorgehen ist natürlich sehr bürokratisch. Allerdings lässt sich dadurch ein vorprogrammierter Streit vermeiden.

KAPITEL 2

Das Testament

Ein „running gag“ unter vielen Rechtsanwälten und Notaren ist die Frage: „Seid ihr noch gut miteinander oder habt ihr schon geerbt?“ Denn nichts kann so nervenaufreibend sein wie der Streit ums Erbe. Dabei lässt sich mit einem gut durchdachten Testament viel Ärger ersparen.

Für wen ist ein Testament sinnvoll?

Viele Menschen sind mit der Erbfolge, so wie sie sich der Gesetzgeber ausgedacht hat, ganz zufrieden. Die Regelungen passen in ihre Lebenssituation und es gibt keine Besonderheiten, die beachtet werden müssten. Diese Menschen brauchen nicht unbedingt ein Testament.

Bei anderen wäre ein Testament besonders wichtig, sie wollen sich aber in jungen Jahren nicht darum kümmern oder sie trauen sich nicht heran, weil sie denken, die ganze Prozedur sei teuer und kompliziert.

Im Testament können auch Nicht-verwandte bedacht werden

Ein Testament ist jedoch immer dann sinnvoll und wichtig, wenn man möchte, dass nach dem eigenen Tod jemand erbt, der nach der gesetzlichen Erbfolge entweder gar nicht oder weniger erben würde, als man sich wünscht. Es kann aber auch umgekehrt sein: Jemand würde erben, den man absolut nicht – oder noch nicht – als Erben haben will.

Wer beispielsweise unverheiratet und alleinstehend ist, vererbt sein Vermögen nach der gesetzlichen Erbfolge seinen Eltern, und wenn die nicht mehr leben, seinen Geschwistern. Doch häufig hätten es gerade ledige, aber li-

Nichteheliche Lebensgemeinschaft

ierte Menschen gerne, dass der Lebensgefährte oder die Lebensgefährtin erben und nicht etwa die Geschwister, mit denen sie vielleicht schon seit Jahren zerstritten sind. Wer aber möchte, dass sein Partner erbt, der muss zwingend ein Testament machen. Sonst geht der nichteheliche Lebenspartner nach dem Tod leer aus.

Eheleute mit Kindern

Auch Eheleute, die Kinder haben, sollten sich darüber im Klaren sein, dass sie im Todesfall nicht alles voneinander erben, sondern mit den Kindern teilen müssen. Möchte man eine andere Lösung, sollte man mit einem Testament vorsorgen. Mehr dazu im Abschnitt „Das Ehegattentestament".

Viele Menschen wollen auch, dass mit ihrem Vermögen in einer ganz bestimmten Art und Weise umgegangen wird. Vielleicht soll sich jemand um den Hund kümmern und dafür einen Obolus erhalten; oder derjenige soll das Haus bekommen, der auch die Firma übernimmt oder das Grab pflegt.

GUT ZU WISSEN

Testament geht vor

Das Testament geht der gesetzlichen Erbfolge vor. Die Regelungen des Gesetzgebers gelten dann nicht, wenn der Erblasser ein Testament gemacht hat.

Das eigenhändig geschriebene Testament

Bei unkomplizierten Familienverhältnissen kann jeder einfach selbst ein handschriftliches Testament errichten. Es gelten dafür aber einige Grundsätze:

- Das eigenhändige Testament müssen Sie von Anfang bis Ende handschriftlich verfassen und es danach unterschreiben. Wichtig ist, dass Sie es selbst schreiben und niemand anderes das für Sie tut. Lassen Sie den Computer in der Ecke stehen, denn: Ein Testament, das mit der Schreibmaschine oder dem Computer verfasst wurde, ist unwirksam. Das Gesetz kennt da kein Pardon. Sie müssen das Testament wirklich mit der Hand schreiben. Ist das für Sie nicht möglich, können Sie es nur beim Notar errichten lassen.

Wichtige Formvorschriften

- Falls Ihnen später noch etwas einfällt, was Sie dem Testament unter Ihrer Unterschrift hinzufügen wollen, müssen Sie unter diesem Zusatz noch einmal unterschreiben, sonst ist er ungültig.
- Nummerieren Sie das Testament durch, wenn es mehrere Seiten lang ist, und unterschreiben Sie jede Seite einzeln. Das ist besonders dann sinnvoll, wenn Sie Bedenken haben, dass Ihre Verwandten missliebige Seiten verschwinden lassen könnten.
- In das Testament gehören auch Ort und Zeit der Niederschrift. Schließlich kann es sein, dass Sie später ein anderes Testament verfassen wollen. Das hebt dann das alte auf. Deshalb ist es wichtig zu wissen, welches Testament das jüngere ist.
- Formulieren Sie die Anweisungen im Testament klar und deutlich und am besten schnörkellos. Schreiben Sie nicht: „Mein jüngerer Bruder soll alles erben“ oder „Meine Nachbarin ist Erbin“, sondern benennen Sie die Erben am besten mit Vor und Zunamen sowie Geburtsdatum. Dann kann es keine Verwechslungen oder Missverständnisse geben. Künftige Erblasser müssen außerdem mindestens 18 Jahre alt sein, wenn sie ein Testament errichten. Jüngere Personen können ab dem 16. Lebensjahr beim Notar ein Testament errichten lassen.

Formulieren Sie klar!

- So mancher Erblasser kommt auf seltsame Ideen. Ein Testament auf einem Bierdeckel, einer Postkarte, einem

Briefumschlag oder gar auf Butterbrotpapier – mit diesen ungewöhnlichen Materialien für die Testamentserrichtung mussten sich Gerichte schon öfter beschäftigen.

Sind solche Testamente wirksam? Vom Prinzip her ja, sagen die Gerichte, auch wenn manche Nachkommen, die durch diese außergewöhnliche Testamentsgestaltung leer ausgehen, das anzweifeln und meinen, sie könnten das Testament anfechten.

Unbedingt mit der Hand schreiben

Voraussetzung ist aber auch hier, dass das Testament von Anfang bis Ende handgeschrieben und mit der eigenhändigen Unterschrift versehen ist. Und ganz wichtig: Der Testierwille muss deutlich sein. Das Gericht darf nicht der Ansicht sein, dass der Verstorbene sich einfach nur Notizen machen wollte, um vielleicht später einmal ein Testament zu errichten. So wurde ein Schriftstück auch nicht als Testament angesehen, bei dem die Erblasserin ihre Angaben auf einem kleinen Stück Papier und einem gefalteten Bogen Pergamentpapier geschrieben und zudem noch zusammen mit anderen unwichtigen Unterlagen ungeordnet in einer Schatulle aufbewahrt hatte. Die Zettel erhielten den Hinweis: „Tesemt/Haus/Das für H“. Für die Richter war hier kein eindeutiger Testierwille ersichtlich.

BEISPIEL

Testament

Hiermit setze ich, Herta Wagner, geboren am 1. August 1950, wohnhaft in Freiburg, Bergstraße 3, meine Nichte Konstanze Wagner, geboren am 24. September 1975, wohnhaft in Münster, Brucknerstraße 6, zur Erbin meines gesamten Nachlasses ein.

Freiburg, 21. Januar 2016 Herta Wagner

Wie bewahre ich das Testament sicher auf?

Hinterlegung beim Nachlassgericht

Bei einem handschriftlichen Testament ist es wichtig, dass Sie es an einem sicheren Ort aufbewahren. Der Ort sollte aber nicht so gewählt sein, dass es völlig unwahrscheinlich ist, dass irgendjemand das Testament nach Ihrem Tod findet. Ein beschrifteter Ordner ist ideal. Teilen Sie einer Person Ihres Vertrauens mit, wo Sie Ihr Testament aufbewahren, dann kann im Todesfall nichts schief gehen.

Wer auf Nummer sicher gehen will, kann sein Testament auch beim Nachlassgericht gegen eine geringe Gebühr hinterlegen. Das Gericht öffnet das Testament dann nach Ihrem Tode und benachrichtigt die Erben. Diese Lösung bietet sich immer dann an, wenn man Sorge hat, dass das Testament nicht gefunden wird oder möglicherweise auch nicht bedachte Verwandte das Papier verschwinden lassen.

Kopie reicht nicht

Vorsicht: Ist das Testament verschwunden und haben Sie von dem letzten Willen nur noch eine Kopie, laufen Sie große Gefahr, dass die Gerichte eine solche Kopie nicht anerkennen. Normalerweise müssen handschriftliche Testamente nämlich im Original vorliegen. In einem 2015 entschiedenen Fall ließen die Richter dennoch ganz ausnahmsweise eine Kopie zum Nachweis der Erbfolge gelten. Das Gericht wies aber deutlich daraufhin, dass eine bloße Kopie eines privatschriftlichen Testaments eigentlich nicht ausreicht. Es bestehe aber auch bei einer bloßen Kopie eines Testaments immer die Möglichkeit, anderweitig nachzuweisen, dass der Erblasser seine Erbfolge entsprechend dem Inhalt der Testamentskopie geregelt habe. Dieser Nachweis war der betroffenen Witwe gelungen. Das Gericht hatte dazu aber eine umfassende Beweisaufnahme durchgeführt, bei der die Witwe persönlich angehört und zu den näheren Umständen der Testamentserrichtung befragt wurde.

TIPP

Ausnahmen bestätigen die Regel. Verlassen sollten Sie sich aber keinesfalls darauf, dass eine Kopie zusammen mit einer aufwändigen Beweisaufnahme dazu führt, dass die gewünschte Erbfolge dann auch eintritt. Sorgen Sie deshalb unbedingt dafür, dass das Original des Testaments auch auffindbar ist.

Das notarielle Testament

Obwohl ein privatschriftliches Testament in vielen Fällen einfach zu erstellen ist, gehen manche Menschen doch lieber zum Notar. Die Gründe dafür sind vielfältig. Oft sind die Familienverhältnisse kompliziert, und aus Angst, etwas falsch zu machen, traut man sich nicht, das Testament allein zu verfassen. Beim Notar hat man den großen Vorteil, dass er beraten und Lösungsvorschläge auch für die ausgefallensten Wünsche anbieten kann. Zudem kann man sicher sein, dass das, was man sich als letzten Willen vorstellt, rechtlich auch wirklich möglich und zulässig ist.

Der Notar hilft!

Öffentliches Testament ersetzt Erbschein

Der Besuch beim Notar hat aber noch einen Vorteil: Das öffentliche Testament ersetzt den Erbschein. Dieses Papier brauchen die Erben, um sich gegenüber Banken oder Grundbuchämtern als Erbe ausweisen zu können.

Bei einem handschriftlichen Testament müssen die Erben den Erbschein beim Nachlassgericht gebührenpflichtig und zeitraubend beantragen.

Was kostet ein notarielles Testament?

Die Erstellung beim Notar kostet Geld. Das ist auch verständlich, denn immerhin bekommt man beim Notar eine Beratung und ein wasserdichtes und anschließend gut verwahrtes Testament. Die Höhe der Gebühren ist gestaffelt und richtet sich nach dem Wert des zu hinterlassenden Vermögens. Entscheiden Sie sich für ein Ehegattentestament oder einen Erbvertrag, dann verdoppeln sich die Gebühren, weil es sich hierbei ja im Prinzip um zwei Testamente handelt.

Gebühren sind abhängig vom Wert der Erbschaft

Außerdem verrechnet der Notar eine einmalige Verwahrungsgebühr für die Aufbewahrung des Testaments.

Nachlasswert	Gebühr	Gebühr für Ehegattentestament oder Erbvertrag	Einmalige Verwahrungsgebühr
20.000	72,00	144,00	18,00
50.000	132,00	264,00	33,00
100.000	207,00	414,00	51,75
200.000	357,00	714,00	89,25
300.000	507,00	1.014,00	126,75
500.000	807,00	1.614,00	201,75
700.000	1.107,00	2.214,00	276,75
900.000	1.407,00	2.814,00	351,75

VORSICHT

Gebühren klären

In Ländern, in denen ein Notar auch Rechtsanwalt sein kann, wie etwa in Nordrhein-Westfalen oder Hessen, darf der Notar die Gebühren auch nach der häufig teureren Rechtsanwaltsgebührenordnung abrechnen. Klären Sie vor der Testamentserrichtung unbedingt ab, nach welcher Gebührenordnung er sein Honorar berechnet. Dann erleben Sie hinterher keine böse Überraschung, wenn es teurer wird.

Notargebühren sind oft gut angelegtes Geld

Wenn Sie sich für ein notarielles Testament entscheiden, dann erklären Sie dem Notar genau, was Sie wollen. Er erläutert Ihnen dann die Möglichkeiten, die Sie haben, und die Vor und Nachteile, die sie mit sich bringen. Sind Sie sich über den Inhalt einig, verfasst der Notar ein Testament, das Sie dann unterschreiben.

In vielen Fällen sind die relativ niedrigen Gebühren gut angelegtes Geld, wenn vorauszusehen ist, dass es ansonsten im Erbfall zu Streitigkeiten kommen könnte.

Zentrales Testamentsregister

Seit dem 1. Januar 2012 gibt es in Deutschland das zentrale Testamentsregister, das von der Bundesnotarkammer in Berlin geführt wird. Die Datenbank soll das Auffinden von Testamenten einfacher und sicherer machen.

Jeder Bürger, der sein selbst geschriebenes Testament beim Gericht zur Aufbewahrung hinterlegt oder der es gleich beim Notar errichten lässt, hat die Sicherheit, dass sein Wille zentral an dieser Stelle registriert wird. Das passiert ganz automatisch.

Nur Name und Ort registriert

Was im Testament steht, wird dort allerdings nicht registriert. Kein Bürger braucht also Bedenken zu haben, dass sein letzter Wille nicht geheim bleibt. Nur der Name des Erblassers und vor allem der Ort, an dem sein Testament liegt, sind dort registriert.

Im Todesfall funktioniert das Ganze dann so: Das Standesamt, das den Tod des Bürgers beurkundet, informiert umgehend das zentrale Testamentsregister und das gleicht direkt ab, ob der Verstorbene irgendwo ein Testament hinterlegt hat. Das Gericht, das für die Abwicklung des Erbes zuständig ist, also das Nachlassgericht, wird dann vom

Register automatisch informiert, genauso wie die Stelle, an dem das Testament verwahrt wird. Das alles passiert in der Regel innerhalb eines Tages. Neben Testamenten werden dort übrigens auch noch andere erbrechtsrelevante Unterlagen registriert, etwa Erbverträge, bei denen genauso vorgegangen wird.

Gebühr

Für die Registrierung erhebt die Bundesnotarkammer eine einmalige Gebühr von 15 Euro, die in der Regel vom Notar oder dem Gericht, bei dem das Testament hinterlegt wird, gleich miterhoben wird. Sie müssen also keine separate Rechnung bezahlen.

Testamente, die schon in der Vergangenheit hinterlegt oder beim Notar errichtet wurden, werden nach und nach dort ebenfalls registriert. Aufgrund der Vielzahl der Fälle hat dies aber einige Zeit gedauert. Die komplette Übertragung aller Fälle wird voraussichtlich bis Ende 2016 stattgefunden haben.

Privat errichtete Testamente

Übrigens: Auch privat errichtete Testamente können im Zentralen Testamentsregister registriert werden. Dafür müssen sie aber in die amtliche Verwahrung beim Nachlassgericht verbracht werden. Ein zu Hause im Schrank oder in der Schublade aufbewahrtes Testament kann nicht registriert werden.

Retter in der Not – Nottestamente

Manchmal ist es dem Erblasser nicht mehr möglich, ein eigenhändiges oder ein notarielles Testament zu errichten – etwa weil er im Krankenhaus liegt und zu schwach ist, selbst etwas aufzuschreiben oder einen Notar zu besuchen.

Der Gesetzgeber sieht hier die Möglichkeit des Nottestaments vor, das so genannte **Bürgermeistertestament**. Der

Sterbende kann dann vor dem Bürgermeister und zwei weiteren Zeugen seinen letzten Willen erklären.

Zeugen dürfen nicht erben

Ist der Bürgermeister nicht erreichbar – wovon man oft ausgehen muss –, ist es auch möglich, seinen letzten Willen vor drei hinzugezogenen Zeugen zu erklären. Diese Zeugen dürfen allerdings nicht Erben oder Vermächtnisnehmer des Sterbenden sein. Sie müssen zudem von diesem letzten Willen und seinen Anordnungen ein Protokoll anfertigen.

Und ganz wichtig: Die drei Zeugen müssen wissen, dass sie bei einem solchen „Dreizeugentestament" wegen Fehlens einer amtlichen Urkundsperson mitwirken und somit selbst eine Beurkundungsfunktion übernehmen. Ist ihnen dies nicht bewusst, ist das Testament auch nicht wirksam.

Setzt einer der „Zeugen" selbst handschriftlich das Testament auf, weil der Erblasser nicht mehr flüssig schreiben kann, und unterschreibt dieser dasselbe dann in Gegenwart von Zeugen, genügt diese Verfahrensweise weder dem Formerfordernis eines Dreizeugentestaments, geschweige denn eines privatschriftlichen Testaments.

Diese Nottestamente sind aber tatsächlich nur für den Notfall gedacht. Stirbt der Erblasser anschließend doch nicht, verliert das Testament nach drei Monaten seine Gültigkeit.

Wem kann ich etwas hinterlassen?

Sie können in Ihrem Testament als Erben einsetzen, wen Sie wollen.

Sie können aber auch bestimmen, dass jemand nicht erben soll, der laut Gesetz eigentlich berechtigt wäre. Allerdings müssen Sie in diesem Fall damit rechnen, dass derjenige trotzdem einen so genannten Pflichtteil bekommt. Das ist zwar nicht so viel wie das eigentliche Erbe wäre, aber ganz leer geht derjenige dennoch nicht aus. (Dazu mehr im Kapitel „Enterbung und Pflichtteilsansprüche“).

Minderjährige Kinder

Erbberechtigt ist im Übrigen jeder Mensch. Er muss auch nicht volljährig sein. Demnach können natürlich auch kleine Kinder erben. Wenn minderjährige Kinder erben, wird in der Regel auch das Familiengericht eingeschaltet und unter Umständen ein Pfleger bestellt. Gerade wenn eine Erbengemeinschaft besteht, kümmert sich der Pfleger mit darum, wie das Erbe auseinander gesetzt wird. Sind Grundstücke im Spiel, muss das Vormundschaftsgericht gegebenenfalls Regelungen genehmigen. Sinnvoll ist es in jedem Fall, einen Testamentsvollstrecker im Testament zu benennen, der sich um die Belange des minderjährigen Kindes kümmert. Auf keinen Fall sollte man aber vergessen, eine zeitliche Begrenzung der Testamentsvollstreckung mit aufzunehmen. Und ganz wichtig: Vor der testamentarischen Benennung sollte man auf jeden Fall mit diesem sprechen.

Die Belange des Kindes gut vertreten lassen!

BEISPIEL

Testamentsvollstrecker

Als Testamentsvollstrecker ernenne ich meine Freundin Carmen Müller, geboren am 24. September 1967, wohnhaft Bergerstraße 3, in Münster. Sie hat die Aufgabe, den Erbanspruch meiner Tochter Laura durchzusetzen und ihr Erbe bis zur Vollendung ihres 21. Lebensjahres zu verwalten.

Ungeborene Kinder

Erbe schon vor der Geburt

Laut Gesetz ist sogar ein Ungeborenes erbfähig, wenn es beim Tod des Erblassers schon gezeugt war. Auch wenn das Kind noch im Mutterleib ist, gilt es für den Gesetzgeber schon als geboren.

Probleme kann es in diesem Zusammenhang bei einer künstlichen Befruchtung geben. Da scheiden sich die Geister, ob ein sich noch in einem Reagenzglas befindlicher Embryo bereits gezeugt ist, oder ob das Kind erst dann gezeugt ist, wenn es in den Mutterleib eingepflanzt wurde.

BEISPIEL

Ungeborenes Kind

Martha und Sven leben ohne Trauschein zusammen und freuen sich auf die bevorstehende Geburt ihres ersten Kindes. Doch leider kommt Sven bei einem tragischen Autounfall noch vor der Geburt ums Leben. Svens Eltern gehen davon aus, dass sie Alleinerben seines nicht unbeträchtlichen Vermögens sind, weil Sven nicht verheiratet war, keine Kinder hatte und auch kein Testament verfasst hat. Kurz nach Svens Tod beantragen sie schon den Erbschein.

Doch Martha wehrt sich. Ihr Kind ist zwar noch nicht auf der Welt, aber nach dem Gesetz gilt es als vor dem Erbfall geboren, weil es bei Svens Tod schon gezeugt war. Sie kann jetzt beim Nachlassgericht vortragen, dass sie von Sven schwanger ist. Das ungeborene Kind ist nach der Geburt Alleinerbe von Svens gesamtem Vermögen. Allerdings bekommt das Kind bis zur Geburt nur einen Teilerbschein, weil ja nicht sicher ist, ob es die Geburt überleben wird. Bis zur Geburt, also bis es sein Erbe antreten kann, kann das Nachlassgericht einen Nachlasspfleger einsetzen, der sich so lange um das Erbe kümmert.

Beamte, Heimmitarbeiter und andere nahestehende Personen

Es gibt verschiedene Personen, die der Erblasser in seinem Testament nicht zum Erben einsetzen darf. Diese Menschen werden vom Gesetzgeber als „erbunwürdig“ bezeichnet.

Dazu gehören etwa:

Erbunwürdige Personen

- der Notar, bei dem der Erblasser sein Testament errichtet hat;

- Heim, Heimträger oder Mitarbeiter des Heims. Damit soll verhindert werden, dass Erblasser, die zuletzt im Heim gepflegt wurden, wegen des Abhängigkeitsverhältnisses den Pflegern versprechen, ihnen etwas zu vererben. Auch die Kinder oder die Ehefrau eines Heimmitarbeiters dürfen nicht bedacht werden, um die Vorschrift nicht zu unterlaufen;
- Zivildienstleistende, die sich um den Erblasser im Rahmen ihrer Tätigkeit kümmern;
- Personen, die zur Verständigung mit behinderten Beteiligten hinzugezogen werden, wie etwa ein Gebärdendolmetscher;
- der Zeuge, der bei der Errichtung des Nottestaments anwesend war, wie beispielsweise der Bürgermeister.

Was wird aus meinem Tier?

Tiere können und dürfen nicht erben

In einschlägigen Boulevardblättern ist häufig zu lesen: „Frau hinterlässt ihrem Dackel eine Million Euro“. Das gibt’s doch gar nicht, wird sich mancher Leser denken, und Recht hat er. Laut Gesetz dürfen nur Menschen erben, Tiere sind nicht erbfähig. Doch viele Menschen sind im Alter allein, und das Haustier ist oft das einzige Wesen, zu dem noch inniger Kontakt besteht. Da ist es gut nachvollziehbar, dass das Tier auch nach dem Tod des Erblassers gut versorgt sein soll. Doch wie kann man das sicherstellen? Und wie kann es doch noch von dem Vermögen profitieren?

Testamentsvollstreckung

Das Tier gut versorgt wissen

Eine Möglichkeit ist, dass der Erblasser im Testament einen Testamentsvollstrecker bestimmt. Dem kann er dann auch bestimmte Aufgaben übertragen, etwa, die Versorgung des Tieres zu überwachen.

BEISPIEL

Dackel Rudi
Herta Wagner ist schwer krank. Sie möchte, dass Dackel Rudi auch nach ihrem Tod gut versorgt ist. Also bestimmt sie, dass ihre Nichte Konstanze den Hund bekommen soll. Als Testamentsvollstrecker ernennt sie ihren Nachbarn Eckard, einen pensionierten Richter. Er soll überwachen, dass Rudi von Konstanze gut versorgt wird. Jeden Monat gibt es 400 Euro als Aufwandsentschädigung und für Futter. Tierarztbesuche werden extra gezahlt. Konstanze muss Rudi regelmäßig impfen und entwurmen lassen und darf ihn im Urlaub nicht ins Tierheim geben.

Der Testamentsvollstrecker greift ein

Mit einer solchen Regelung ist gewährleistet, dass die Nichte sich auch wirklich um das Tier kümmert. Ist das nicht der Fall, kann der Testamentsvollstrecker eingreifen und ihr das Tier wegnehmen. Das Geld fließt auch nur so lange, wie das Tier lebt. Ist es tot, hört der Geldsegen auf. Damit ist sichergestellt, dass Konstanze an einem langen Leben des Tiers interessiert ist.

Im Testament sollte bestimmt sein, was mit dem Erbe nach dem Tod des Tiers passieren soll. So kann der Erblasser sein Geld anschließend etwa dem Tierheim spenden.

Bedenken Sie, dass ein Testamentsvollstrecker Geld kostet. Je nach Aufwand nimmt er in der Regel zwischen zwei und fünf Prozent des Nachlasses als Honorar. Das Geld wird aber erst fällig, wenn der Erbfall eingetreten ist.

Zur Testamentsvollstreckung lesen Sie auch das Kapitel „Die Testamentsvollstreckung“.

Auflage

Eine weitere Möglichkeit: Der Erblasser vermacht das Tier zusammen mit einem Geldbetrag einem Menschen seines Vertrauens, unter der Auflage, sich gut um den Vierbeiner zu kümmern. Auch hier kann es sinnvoll sein, einen Testamentsvollstrecker einzusetzen, der sich um die Einhaltung der Auflagen kümmert.

Pflege schon zu Lebzeiten klären!

Eins ist jedoch wichtig: Wenn Sie ein Tier „vererben" wollen, dann sollten Sie nicht nur im Testament festlegen, wer es unter welchen Bedingungen bekommen und pflegen soll. Sprechen Sie auch mit den Menschen darüber, die Ihrer Meinung nach dafür infrage kommen! Ein Tier ist eine große Verantwortung, und man kann es niemandem übel nehmen, diese abzulehnen. Fragen Sie die Person, ob sie bereit ist, Ihr Tier nach Ihrem Tod zu sich zu nehmen, auch wenn Sie vorhaben, einen Testamentsvollstrecker zu benennen.

BEISPIEL

Ein Testament mit Auflage

Testament
Hiermit setze ich, Herta Wagner, geboren am 1. August 1950, wohnhaft in Freiburg, Bergstraße 3, meine Nichte Konstanze Wagner, geboren am 24. September 1975, wohnhaft in Münster, Brucknerstraße 6, zur Erbin meines gesamten Vermögens ein. Als Erbin hat sie folgende Auflagen zu erfüllen:
Sie muss meinen Dackel Rudi bis zu seinem Tod liebevoll pflegen. Er darf während ihres Urlaubs nicht im Tierheim abgegeben werden, muss regelmäßig entwurmt und geimpft und auch ansonsten regelmäßig tierärztlich versorgt werden.

Freiburg, 21. Januar 2016

Herta Wagner

BEISPIEL

Ein eigenhändiges Testament mit Testamentsvollstrecker

Testament
Hiermit ernenne ich, Herta Wagner, geboren am 1. August 1950, wohnhaft in Freiburg, Bergstraße 3, meinen Nachbarn Eckard Richter, wohnhaft in Freiburg, Bergstraße 5, zum Testamentsvollstrecker. Er soll meiner Nichte Konstanze Wagner, geboren am 24. September 1975, wohnhaft in Münster, Brucknerstraße 6, jeden Monat für die Pflege meines Dackels Rudi einen Betrag von 400 Euro zukommen lassen. Konstanze soll sich dafür liebevoll um Rudi kümmern und ihm Futter kaufen. Tierärztliche Behandlungen werden extra aus dem Nachlass gezahlt. Konstanze soll Rudi regelmäßig entwurmen, impfen und tierärztlich versorgen lassen. Außerdem darf Konstanze ihn während ihres Urlaubs nicht im Tierheim abgeben. Erkennt Eckard Richter, dass Konstanze sich nicht liebevoll um Rudi kümmert, darf er eine andere kompetente Pflegeperson für ihn aussuchen. Nach Rudis Tod soll mein gesamter Nachlass an das Tierheim Freiburg gehen.

Freiburg, 21. Januar 2016

Herta Wagner

Digitales Vererben

Wer stirbt, hinterlässt nicht nur materielle Güter wie Geld, Immobilien oder Aktien. Jeder von uns hinterlässt auch digitale Spuren. Ob im Internet oder auf dem heimischen PC: Alles, was der Verstorbene in der digitalen Welt an Daten gespeichert hat, gehört theoretisch auch zum Nachlass. Oft sind das nur immaterielle Werte wie Fotos oder der Account bei einem sozialen Netzwerk. Aber es können auch Onlineverträge mit Telekommunikationsunternehmen sein. Umso wichtiger ist es, dass die Erben sich auch darum kümmern.

BEISPIEL

Alexander hat während seines Lebens – wie fast jeder von uns – vieles übers Internet oder per Computer geregelt: Bücher hat er mit einem E-Reader gelesen, er hatte eine E-Mail-Adresse, einen Account bei Facebook und Instagram, seine Fotos hatte er sowohl auf seinem Computer gespeichert als auch auf seinem Handy und zusätzlich in einer Cloud. In Internetshops und auf Versteigerungsplattformen hatte er Benutzerkonten. Nach seinem Tod ist seine Ehefrau Alleinerbin geworden. Doch sie kommt an die Daten nicht heran, weil sie Alexanders Passwörter nicht kennt.

So ist die Rechtslage

Die Rechtslage ist eigentlich klar: Derjenige, der vom Erblasser zum Erben ernannt wurde, bekommt auch alle digitalen Daten, denkt so mancher Verbraucher. Soweit so gut. Aber ganz so einfach ist es nicht.

Zum einen ist es für Erben nicht immer leicht, sich um die Konten beim E-Mail-Anbieter oder den sozialen Netzwerken zu kümmern, wenn sie nicht im Besitz der erforderlichen Zugangsdaten bzw. Passwörter sind. Zum anderen ist es rechtlich noch nicht eindeutig geklärt, ob Erben auch Eigentümer von digitalen Büchern und Musik werden. Amazon zum Beispiel bietet zwar seine Kindle-Bücher zum Kauf an. Dennoch erwirbt der Nutzer rein rechtlich nur eine Lizenz – die mit dem Tod erlischt. Das bedeutet für die Erben: Auch wenn der Erblasser digitale Bücher im Wert von mehreren hundert Euro hat, kann es je nach Anbieter sein, dass diese nicht auf den Erben übertragen werden können. Ein Blick in die Allgemeinen Geschäftsbedingungen des Anbieters hilft. Das gilt auch für die digitale Musik- oder Filmesammlung.

GUT ZU WISSEN

Beim E-Mail-Anbieter kann es nach dem Tod des Erblassers schwierig werden, denn hier steht das Erbrecht in Konkurrenz zum Telekommunikationsgesetz. Darin gibt es nämlich so etwas wie das Briefgeheimnis, das auch die Absender von E-Mails schützen soll, die ja einer Weitergabe der E-Mails nicht zugestimmt haben. Und so wehren sich manche Provider auch dagegen, den Erben den Zugang zu den E-Mails zu gewähren.

Was können Erblasser tun?

Wer seinen Erben Ärger ersparen will, muss vorsorgen. Das bedeutet im Klartext: Alle Zugangsdaten aufschreiben und dafür sorgen, dass sie den Erben im Todesfall auch zugänglich sind. So können diese auf alle Konten in sozialen Netzwerken, E-Mails, Benutzerkonten bei Ebay und Co. oder Clouds zugreifen. E-Mail-Konten kann der Erbe so schließen, das Facebook-Profil löschen oder in eine Gedenkseite verwandeln und alle sonstigen Benutzerkonten auflösen. Und er kann – ohne die Anbieter kontaktieren zu müssen – auf Fotos, Bücher und Musik zugreifen. Ob er sie auch weiter nutzen darf, muss er dann mit dem Anbieter klären. Sie können dazu auch die Checkliste verwenden, die wir weiter hinten im Buch anbieten.

TIPP

So hinterlassen Sie Zugangsdaten

- Alle Internetadressen aufschreiben, bei denen Sie Benutzerkonten haben
- Benutzername und Passwort dazu notieren
- Diese Angaben am besten zusammen mit dem Testament an einem sicheren und gut zugänglichen Ort hinterlegen
- Ist das nicht möglich, teilen Sie Ihren Erben zu Lebzeiten mit, wo sich das Verzeichnis befindet.
- Bei der Änderung eines Passwortes auch das Verzeichnis entsprechend abändern

Wer nicht möchte, dass die Erben Zugriff auf bestimmte digitale Nachlässe bekommen, kann das auch bestimmen. In dem Fall ist es sinnvoll, einer vertrauten Person eine Vollmacht für den Fall des Todes zu erteilen. In dem Fall sollten Sie auch im Testament vermerken, dass die Erben bestimmte digitale Inhalte nicht bekommen sollen.

BEISPIEL

Alexander hatte mit einem Freund eine gemeinsame Dropbox, in der die beiden Hobbyfotografen ihre Fotos gespeichert haben. Beide konnten die Dropbox mit Fotos füllen und diese auch jederzeit abrufen. Alexander möchte, dass die Dropbox weiter von seinem Freund betrieben wird und dieser die Fotos darauf behalten kann. Für die Dropbox kann Alexander ihn jetzt zum Digitalen Nachlassverwalter bestellen. Im Testament weist er die Erben darauf hin.

Keine Passwörter? – Das können Erben tun

Erbschein

Stirbt der Erblasser, ohne seine Passwörter irgendwo hinterlassen zu haben, dann wird es für die Erben aufwändig. Am weitesten kommen sie mit einem Erbschein. Damit erhält man bei vielen Anbietern die Zugangsdaten, wenn man sie anschreibt und die Kopie eines Erbscheins beilegt. Manche verlangen eine Sterbeurkunde oder sogar eine Kopie der Todesanzeige. Ob diese dann aber auch die Inhalte herausgeben oder nur einer Löschung des Accounts zustimmen hängt davon ab, welche Allgemeinen Geschäftsbedingungen das Unternehmen hat und manchmal auch, in welchem Land es ansässig ist. Deutsche Provider wie GMX oder Web.de ermöglichen mit Erbschein den Zugriff auf die E-Mails. Bei ausländischen Providern wie Hotmail oder Yahoo kann man damit nur die Löschung des Accounts beantragen. Die E-Mails selbst bekommt man nicht zu lesen. Das bedeutet, dass man unter Umständen auch wichtige Korrespondenz, die per E-Mail geführt wird, nicht mehr einsehen kann.

Das Ehegattentestament

Gerade Eheleute sollten schon in ganz jungen Jahren über ein Ehegattentestament nachdenken. Denn ohne Testament greift die gesetzliche Regelung, das heißt: Stirbt ein Ehepartner, erbt der andere die Hälfte des Vermögens, die andere Hälfte wird zu gleichen Teilen an die Kinder vererbt.

Eheleute mit Kindern sollten sich absichern!

Die gesetzliche Regelung passt aber in den wenigsten Fällen in die Lebensplanung und Altersabsicherung von Eheleuten. Man muss sich nur vorstellen, was passiert, wenn die Eheleute gerade ein Haus gebaut und etwas Geld gespart haben, das beiden zur Absicherung des Alters dienen soll. Die Frau hat vielleicht zur Versorgung der Kinder ihren Beruf aufgegeben und kein eigenes Vermögen mehr gebildet. Stirbt dann der Ehemann, müsste die Mutter dessen Nachlass mit den Kindern teilen – und das kann sie in schwere finanzielle Nöte bringen. Ein Teil des Hauses geht dann an die Kinder, genauso wie Erspartes, das die Mutter dann dringend brauchen würde. Sie müsste unter Umständen die Kinder ausbezahlen – mit Geld, das in vielen Fällen nicht flüssig vorhanden ist.

Das Berliner Testament

Viele Eheleute errichten daher ein so genanntes Berliner Testament. Das bedeutet nichts anderes, als dass die Eheleute sich darin gegenseitig zu Erben einsetzen und gleichzeitig bestimmen, dass erst nach dem Tod des zuletzt Versterbenden das Erbe auf die Kinder übergehen soll. Die Kinder sind mit dem Erben also erst an der Reihe, wenn beide Eltern tot sind. Die Eheleute sollen dadurch finanziell abgesichert werden.

Ein Berliner Testament kann jeder leicht selbst errichten

Um ein solches Testament zu errichten, müssen Sie nicht unbedingt zum Notar gehen. Die Formulierung in Standardfällen ist recht einfach, und oft kann man das Testament deshalb selbst aufsetzen – zumindest dann, wenn nicht noch andere komplizierte Punkte mit geregelt werden sollen. Beabsichtigen Sie jedoch Sonderbestimmungen, sollten Sie sich die Zeit für einen Notarbesuch nehmen. Sie können sich damit im Falle eines Falles viel Ärger ersparen.

Wichtig zu wissen ist, dass ein Ehegattentestament nur Eheleute abschließen können. Unverheiratete Paare können nur getrennt ein normales Testament errichten oder gemeinsam einen Erbvertrag abschließen.

BEISPIEL

Formulierungsbeispiel für ein Berliner Testament

Gemeinschaftliches Testament
Wir, die Eheleute Anja und Klaus Bernhard, setzen uns gegenseitig zu Vollerben unseres gesamten Nachlasses ein. Erben des Letztversterbenden sollen unsere gemeinsamen Kinder Oskar und Paul zu gleichen Teilen sein.

Stuttgart, den 2.1.2016 Anja Bernhard/Klaus Bernhard

Das Testament ohne Notar

Wollen Sie Ihr Testament ohne Notar errichten, dann sollte ein Ehepartner das Testament handschriftlich aufsetzen und unterschreiben – zur Sicherheit auf jeder Seite. Lassen Sie anschließend den anderen Ehegatten das Testament unterzeichnen.

Achtung: Wichtige Formvorschrift

Geben Sie in dem Testament jeweils an, zu welcher Zeit (Tag, Monat, Jahr) und an welchem Ort Sie das Testament geschrieben haben.

VORSICHT

Handschriftlich
Ein mit der Schreibmaschine oder dem Computer errichtetes Testament ist ungültig!

Und wenn einer nicht mehr will?

Ein gemeinschaftliches Testament lässt sich nicht beliebig rückgängig machen oder verändern. Das würde ja auch dem Wesen eines Ehegattentestaments widersprechen. Die Eheleute vereinbaren ja praktisch: „Ich dir, du mir und gemeinsam unseren Kindern.“ Das soll den Eheleuten und den Kindern schließlich eine gewisse Sicherheit geben. Zu Lebzeiten kann das Testament deshalb grundsätzlich nur von beiden gemeinsam geändert werden. Will nur einer von beiden aussteigen, so muss er den Widerruf bei einem Notar beurkunden lassen. Diese Erklärung muss dem anderen Ehegatten dann amtlich zugestellt werden. Ist ein Ehegatte bereits verstorben, bleibt der andere an das Testament gebunden. Er kann also nicht einfach eine weitere Person außer den Kindern zu Erben einsetzen, es sei denn, er schlägt das gesamte Erbe aus. In diesem Fall erhält er

Widerruf beim Notar

auch die Verfügungsgewalt über seinen eigenen Nachlass wieder zurück.

Sind die Eheleute geschieden, ist das gemeinschaftliche Testament in aller Regel unwirksam. Ist die Ehe zwar noch nicht aufgelöst, das Scheidungsverfahren aber bereits eingeleitet, wird vermutet, dass das Testament nicht mehr gültig ist. Um ganz sicher zu gehen, sollte man das gemeinschaftliche Testament aber wegen Einleitung des Scheidungsverfahrens sofort widerrufen.

Unwirksamkeit bei Scheidung – trotzdem besser widerrufen!

Darf der Ehegatte mit dem Erbe machen, was er will?

Beim gemeinschaftlichen Testament haben Sie gewisse Gestaltungsmöglichkeiten. Je nachdem, wie Sie Ihren Partner im Testament bezeichnen, darf er mehr oder weniger frei über den Nachlass bestimmen.

Vorerbe

Benennen Sie den länger Lebenden im Testament als **Vorerbe**, so kann dieser über den Nachlass nur beschränkt verfügen. Er darf zum Beispiel das verbliebene Haus nicht einfach verkaufen und es auch nicht mit einer Grundschuld belasten, wenn er von den Beschränkungen der Vorerbschaft nicht befreit ist.

Vollerbe

Wollen Sie, dass Ihr Ehegatte nach Ihrem Tod beliebig über das Erbe bestimmen darf, so sollten Sie ihn als **Vollerbe** bezeichnen. Das hat den Vorteil, dass die Kinder den Überlebenden nicht zu etwas überreden können.

Befreiter Vorerbe

Eine dritte Variante macht den Überlebenden zum **befreiten Vorerben**. Dann darf er das Haus zwar verkaufen und es auch belasten, aber nichts aus dem Nachlass verschenken.

Beachten Sie: Haben Sie in dem Berliner Testament einfach nur das Wort **Erbe** verwendet, so geht man davon aus, dass der Ehegatte Vollerbe sein soll, falls sich aus dem Testament nicht ein anderer Wille des Erblassers ergibt.

Überlegen Sie sich schon zu Lebzeiten, welche Befugnisse Sie Ihrem Ehegatten einräumen wollen. Entscheiden Sie sich dann für die Wortwahl Vollerbe, Vorerbe oder befreiter Vorerbe. Lassen Sie sich lieber fachmännisch beraten, wenn Sie sich nicht sicher sind, welche Möglichkeit in Ihrem persönlichen Fall am besten ist.

Wenn die Kinder ihren Pflichtteil verlangen

Genau genommen werden die Kinder bei einem Berliner Testament im Todesfall erst einmal übergangen. Denn sie sollen beim Tod des zuerst versterbenden Elternteil zunächst ja gar nichts bekommen.

Pflichtteil für Kinder kann Planung zunichte machen

Deswegen lässt es sich manchmal nicht vermeiden, dass die Kinder beim Tod des Erstversterbenden zumindest ihren Pflichtteil verlangen. Der Überlebende muss ihnen dann schon nach dem Tod des Erstversterbenden die Hälfte des gesetzlichen Erbteils den Pflichtteil ausbezahlen.

Pflichtteilsklausel zähmt die Kinder

Um zu vermeiden, dass Ihre Kinder Ihnen einen Strich durch die finanzielle Planung machen, sollte das Berliner Testament in jedem Fall eine Strafklausel, die so genannte Pflichtteilsklausel, enthalten. In den meisten Fällen schreckt dies die Kinder ab, den Pflichtteil zu verlangen, da sie ansonsten beim Tod des zweiten Elternteils viel weniger erhalten, als ihnen eigentlich zustehen würde.

Die Pflichtteilsklausel lautet:

„Wer nach dem Tod des Erstversterbenden den Pflichtteil verlangt, erhält auch nach dem Tod des zuletzt Versterbenden nur den Pflichtteil."

BEISPIEL

Zum Verständnis der Pflichtteilsklausel

Der Vater hinterlässt einen Vermögenswert von 500.000 Euro. Nach der Erbfolge, so wie sie das Gesetz vorschreibt, würde die in Zugewinngemeinschaft lebende Ehefrau eigentlich die Hälfte erben, also 250.000 Euro. Die andere Hälfte würde unter den Kindern aufgeteilt werden. Gehen wir davon aus, dass das Ehepaar zwei Kinder hat. Dann bekäme jedes Kind eigentlich 125.000 Euro. Hat das Ehepaar ein Berliner Testament gemacht, sollen die Kinder aber erst nach dem Tod beider Eltern erben. Trotzdem könnten die Kinder schon nach dem Tod des zuerst Versterbenden ihren Pflichtteil verlangen. Das wäre die Hälfte von dem „normalen" gesetzlichen Erbteil. Demnach wäre der Pflichtteil 62.500 Euro (125.000 : 2). Mit einer Pflichtteilsklausel kann man aber vorbeugen. Zwar kann man das Kind nicht daran hindern, seinen Pflichtteil zu verlangen. Allerdings bekommt das Kind, welches seinen Pflichtteil geltend macht, auch beim Tod der Mutter nur den Pflichtteil. Hinterlässt auch sie etwa noch mal 500.000 Euro, bekäme jedes Kind dann eigentlich 250.000 Euro. Das Kind, das aber schon beim Tod des Vaters seinen Pflichtteil verlangt hat, bekommt aufgrund der Klausel nun auch nur die Hälfte, also 125.000 Euro (250.000 : 2). Es hat insgesamt also 62.000 Euro plus 125.000 Euro = 187.500 Euro verloren. Durch diesen hohen Geldverlust lassen sich die meisten Kinder davon abhalten, schon nach dem Tod des Erstversterbenden etwas zu verlangen.

Wenn der Überlebende wieder heiratet

Weil der Wille der Ehegatten vorwiegend auf die Erhaltung des Vermögens für die gemeinsamen Kinder gerichtet ist, sollte man sich auch immer überlegen, was passieren soll, wenn der überlebende Ehegatte wieder heiratet. Denn auch die neue Ehefrau ist ja erbberechtigt und würde von dem Geld des verstorbenen Elternteils profitieren, obwohl das eigentlich den Kindern zukommen sollte. Streitigkeiten zwischen den Kindern aus erster Ehe und dem neuen Ehegatten sind häufig vorprogrammiert, denn auch der neue Partner will zusammen mit etwaigen Kindern aus zweiter Ehe hinreichend versorgt sein.

Wiederverheiratungsklausel

Dabei kann eine so genannte Wiederverheiratungsklausel helfen.

Mit dieser Klausel können die Eheleute in ihrem gemeinsamen Testament bestimmen, dass der überlebende Ehegatte den Kindern bei einer erneuten Heirat ihr Erbe auszahlen soll, oder dass die Kinder in diesem Falle ein Vermächtnis in Höhe des gesetzlichen Erbteils bekommen. So können die Eltern sicherstellen, dass das Vermögen „in der Familie bleibt".

Eine solche Klausel kann so aussehen:

„Für den Fall der Wiederverheiratung steht unseren Kindern ein Vermächtnisanspruch in Höhe des Wertes ihres gesetzlichen Erbteils am Nachlass des Erstversterbenden zu."

Das Ehegattentestament – ein steuerlicher Missgriff?

Steuerfreibeträge geschickt nutzen!

So beliebt das Berliner Testament auch ist, aus steuerlicher Sicht kann es manchmal eher nachteilig sein. Da es immer zwei Erbfälle gibt, hält auch der Fiskus bei der Erbschaftssteuer zweimal die Hand auf: einmal beim Übergang des Vermögens auf den länger lebenden Ehegatten und später noch mal beim Übergang des Vermögens auf die Kinder, wenn auch der zweite Elternteil stirbt. Die Kinder können ihren Steuerfreibetrag nur einmal nutzen, nämlich dann, wenn der zweite Elternteil gestorben ist. Würden sie gleich beim ersten Todesfall erben, könnten sie ein weiteres Mal ihren Freibetrag ausschöpfen.

WICHTIG

Fachmännischer Rat
Gerade dann, wenn Sie über ein etwas größeres Vermögen verfügen, sollten Sie unbedingt den Rat eines Fachmanns einholen. Ein Steuerberater beispielsweise kann Sie beraten, wie Sie Ihr Ehegattentestament steuerlich günstiger ausgestalten können. Das lohnt sich immer dann, wenn die zu erwartende Erbschaft die Freibeträge Ihres Ehegatten überschreitet.
Lesen Sie dazu auch das Kapitel „Die Erbschafts- und Schenkungssteuer".

Das Testament ändern

Sie haben mit einem Testament zwar eine gültige Regelung darüber getroffen, was mit Ihrem Vermögen im Todesfall passieren soll. Trotzdem können Sie Ihr altes Testament jederzeit ändern. Sie können es entweder ganz vernichten oder durch ein neues ersetzen.

Haben Sie ein **privatschriftliches Testament** verfasst, dann sollten Sie aus Sicherheitsgründen das alte Testament zerreißen und wegwerfen, damit es keine Wirkung mehr entfaltet. Ihnen bleibt es dann unbenommen, ein neues Testament zu erstellen, oder es aber einfach bei der gesetzlichen Erbfolge zu belassen.

Das alte Testament aus Sicherheitsgründen vernichten!

Wenn Sie Ihr eigenhändiges Testament beim Nachlassgericht aufbewahren lassen, dann müssen Sie es aus der Verwahrung herausnehmen und vernichten oder durch ein neues Testament ersetzen. Das Testament bleibt nämlich trotz Rücknahme aus der gerichtlichen Verwahrung wirksam, wenn Sie es nicht vernichten oder ein neues Testament schreiben. Allein die Rücknahme aus der Verwahrung macht das Testament also nicht unwirksam.

Wenn Sie dagegen ein **notarielles Testament** gemacht haben, müssen Sie es zwar ebenfalls aus der amtlichen Verwahrung zurücknehmen lassen. Die Rücknahme gilt aber bei einem notariellen Testament als Widerruf. Das Testament ist dann nicht mehr gültig. Danach sollten Sie aber ein neues Testament erstellen, wenn Sie nicht wollen, dass die gesetzliche Erbfolge greift.

Bei einem **Ehegattentestament** gelten Besonderheiten. Lesen Sie dazu im Abschnitt „Das Ehegattentestament" nach.

Werden nach dem Tod eines Menschen zwei verschiedene Testamente aufgefunden, gilt das zeitlich früher errichtete Testament als unwirksam. Das zuletzt verfasste Testament entfaltet daher seine Wirkung, es hebt das frühere auf. Trotzdem sollte man es nicht darauf ankommen lassen. Alte, nicht mehr gewünschte Testamente sollten aus Sicherheitsgründen deshalb immer vernichtet werden.

Ausnahmen gelten auch hier beim Ehegattentestament und bei Erbverträgen, denn diese können im Einzelfall nicht durch eine zeitlich spätere Verfügung aufgehoben werden.

Aktualisieren Sie Ihr Testament alle paar Jahre!

Im Übrigen sollten Sie immer mal wieder prüfen, ob das von Ihnen errichtete Testament noch Ihrem letzten Willen entspricht. Denn im Laufe der Zeit ändern sich häufig die Lebensumstände, und nicht immer will man dem Menschen etwas vererben, den man Jahre zuvor bedenken wollte.

Vermächtnisse

Unterschied zwischen Erbe und Vermächtnisnehmer

Es gibt auch die Möglichkeit, in seinem Testament jemandem etwas zu vermachen und nicht zu vererben. Das klingt für den Laien zwar gleich, ist aber tatsächlich ein bedeutender Unterschied. So kann man etwa der Nachbarin die Gartenzwerge vermachen, die ihr immer so gefallen haben, der Kinderfrau 1.000 Euro, weil man sie so gerne mag, oder dem Freund die Uhr, weil er ein Uhrenliebhaber ist. Der Unterschied zwischen einem Vermächtnisnehmer (das ist derjenige, dem etwas vermacht wird) und einem Erben ist ganz entscheidend. Der Vermächtnisnehmer wird nämlich nicht Erbe und damit auch nicht Mitglied der Erbengemeinschaft. Das ist wichtig, denn die Rechtsstellung des Erben ist wesentlich stärker. Wer Erbe wird, kann bei der Verwaltung und der Auseinandersetzung des gesamten Erbes mitreden. Es ist daher sicher sinnvoll, wenn die Nachbarin, die Kinderfrau oder der Freund nicht zu einer Erbengemeinschaft mit den eigenen Kindern gehören. Man sollte deshalb Menschen, von denen man nicht will, dass sie zur Erbengemeinschaft zählen, nur mit einem Vermächtnis bedenken. Diese haben dann gegen die Erbengemeinschaft einen Anspruch auf die ihnen vermachten Sachen – mehr aber auch nicht. Die Gartenzwerge, das Geld oder die Uhr dürften sie sich übrigens auch nicht einfach nehmen, selbst wenn sie wüssten, wo der Erblasser den vermachten Gegenstand aufbewahrt hat. Rücken die Erben mit dem Vermächtnis nicht heraus, dann muss der Vermächtnisnehmer sie notfalls verklagen, also die Gerichte um Hilfe bitten.

Erben mit Auflagen

BEISPIEL

Auflage
Meine Tochter soll mein Haus erben. Ich mache ihr aber zur Auflage, dass sie es vor Ablauf von zehn Jahren nicht verkaufen darf.

So kann eine Auflage aussehen. Man vererbt etwas, gibt aber dem Begünstigten gleich noch mit, was man von ihm dafür erwartet.

Auflagen gibt es in allen möglichen Varianten: Der Begünstigte muss ein bestimmtes Bild an der Wand hängen lassen, ein Grabmal errichten, sich bis ans Ende seines Lebens um die Grabpflege kümmern, den Hund versorgen, dem Tierheim jeden Monat 50 Euro zukommen lassen, die Putzfrau weiter beschäftigen oder das Geschäft des Erblassers weiterführen.

Ist in der Auflage aber bestimmt, dass ein anderer Mensch etwas bekommen soll, so hat dieser für sich dennoch kein Recht darauf, die Sache auch wirklich zu erhalten. Erbt also beispielsweise die Tochter das Haus mit der Auflage, die Putzfrau weiter zu beschäftigen, dann hat die Putzfrau keinen Anspruch darauf, tatsächlich weiter in dem Haus zu arbeiten. Die Putzfrau kann sich also nicht wehren, wenn die Tochter diese Auflage nicht erfüllt.

Kontrolle der Auflage

Und das ist auch das Problem der Auflage. Wer kontrolliert, ob sie erfüllt wird oder nicht? Was passiert, wenn sie nicht erfüllt wird? Bekommen die Miterben mit, dass die Tochter das Haus schon vor Ablauf der Zehnjahresfrist verkaufen will oder das Grab nicht pflegt, dann können sie das natürlich verlangen und sie gegebenenfalls verklagen.

Testamentsvollstrecker

Wer sichergehen will, dass seine Auflagen auch nach seinem Tod beachtet werden, der sollte einen Testamentsvollstrecker einsetzen, der die Erben oder Vermächtnisnehmer kontrolliert und die Leistungen gegebenenfalls sogar selbst durchführt – das darf er nämlich. Mehr dazu im Kapitel „Die Testamentsvollstreckung“.

Erben unter Bedingungen

Von der Auflage unterscheidet sich die Bedingung. Sie können in Ihrem Testament nämlich auch Vermögen nur unter bestimmten Bedingungen vererben oder vermachen. Zweck solcher Bedingungen ist für die meisten Erblasser, dass sie auch nach ihrem Tod die Dinge noch etwas steuern wollen. Es gibt sowohl aufschiebende als auch auflösende Bedingungen.

Aufschiebende und auflösende Bedingungen

Bei der **aufschiebenden Bedingung** wird der Begünstigte erst dann Erbe (oder Vermächtnisnehmer), wenn eine bestimmte Bedingung erfüllt ist: Der Sohn soll beispielsweise erst dann das Raumausstattergeschäft erben, wenn er die Meisterprüfung bestanden hat.

Bei der **auflösenden Bedingung** verliert der Erbe (oder Vermächtnisnehmer) seine Stellung als Begünstigter, wenn eine Bedingung eintritt. Sollte etwa die Ehefrau und Witwe des Verstorbenen noch einmal heiraten, dann soll sie ihre Erbenstellung verlieren.

Sittenwidrige Bedingungen sind unwirksam

Doch Vorsicht: Nicht jede Bedingung ist auch zulässig. Wenn Sie sich mit dem Gedanken tragen, Ihr Vermögen nur unter bestimmten Bedingungen zu vererben, dann müssen Sie wissen, dass Sie nicht wahllos Bedingungen aufstellen können. So verlockend es ist, die Fäden auch nach seinem Tode noch in seiner Hand zu wissen – manches ist einfach sittenwidrig und damit unwirksam. Nicht selten wird dann darüber gestritten, ob der Sohn auch ohne die sittenwidrige Bedingung Erbe des Vermögens werden kann.

BEISPIEL

Sittenwidrig

Wenn Sie eine Bedingung in Erwägung ziehen, unter der Sie Ihr Vermögen vererben wollen, dann sollten Sie zur Sicherheit zum Rechtsanwalt oder Notar gehen und sich dort beraten lassen. Er sollte Sie darüber informieren, ob die konkrete Bedingung sittenwidrig sein könnte. Sonst riskieren Sie, dass es nach Ihrem Tod zu gerichtlichen Streitigkeiten kommt, oder dass das, was Sie eigentlich wollten, nicht umgesetzt wird.

Sittenwidrig sind beispielsweise folgende Bedingungen:

Beispiele

- Die Tochter soll nur dann erben, wenn sie einen ganz bestimmten Mann heiratet.
- Die Enkelin erbt dann das Haus, wenn sie vom buddhistischen zum katholischen Glauben zurückkehrt.
- Die Schwester erbt nur dann, wenn sie bis zur Hochzeit auf Geschlechtsverkehr verzichtet.

Schmaler Grat

Diese Bedingungen greifen zu sehr in die Intimsphäre des Begünstigten ein und sind daher unzulässig. In solchen Fällen sollte man sich besser überlegen, diesen Personen das Vermögen ohne Bedingung zu vererben oder ihnen gar nichts zukommen lassen.

Der Grat zwischen sittenwidrigen und zulässigen Bedingungen ist jedoch schmal. So ist es unzulässig, seinem Sohn nur dann alles zu vererben, wenn er sich von seiner Frau scheiden lässt. Die Bedingung kann aber zulässig sein, wenn der Sohn schon seit Jahren von ihr getrennt lebt, beide eigene Wege gehen und sowieso nur noch auf dem Papier verheiratet sind. In einem solchen Fall kann die Bedingung durchaus nachvollziehbar sein, weil die Schwiegertochter dann ja – falls der Sohn, nachdem er geerbt hat, auch stirbt – das Vermögen als dessen Ehefrau erben würde.

Zulässig sind folgende Bedingungen:

Zulässige Bedingungen

- Der Bruder erbt das Haus unter der Bedingung, es nicht abzureißen, sondern zu renovieren.
- Die Tochter erbt nur, wenn sie die Tante pflegt.
- Die Enkelin erbt nur, wenn sie den Hund versorgt. Gibt sie ihn ins Tierheim, verliert sie ihre Erbenstellung.

Achtung: Mit der Einhaltung von Bedingungen nehmen es die Gerichte haargenau. So gerade in einer 2015 ergangenen Entscheidung.

Ein Erblasser setzte eine gemeinnützige Stiftung als alleinige Erbin im Testament ein. Allerdings hatte der Erblasser das Erbe an eine Bedingung geknüpft: Ein Hund und drei Katzen sollten auf dem Grundstück der Stiftung aufgenommen werden, um dort weiter zu leben.

Obwohl die Stiftung in der Lage gewesen wäre, die Tiere aufzunehmen, brachte sie sie anderweitig unter. Die Katzen kamen zu einer Familie, der Hund zu einer anderen Organisation. Die Stiftung war der Meinung, dass die Tiere so gut versorgt seien und dies auch im Sinne des Erblassers gewesen wäre. Erbin wollte sie aber trotzdem werden.

Das Gericht wies allerdings die Erteilung des Erbscheins zurück. Denn die Stiftung sollte eben nur unter der Bedingung erben, dass die Tiere tatsächlich auf deren Anwesen leben dürfen. Dies war aber durch die anderweitige Unterbringung nicht der Fall. Die Bedingung war nicht erfüllt worden.

TIPP

Viele Tierhalter wollen ihre Liebsten nach ihrem Tod gut versorgt wissen. Gerade gemeinnützige Organisationen sind aber oft gar nicht in der Lage, solche Bedingungen zu erfüllen. Manchmal erlaubt auch ihre Satzung nicht, Tiere zu versorgen. Wer sein Haustier deshalb auch nach seinem Tod in gute Hände geben will, sollte sich deshalb genau erkundigen, ob seine Bedingung rechtlich und tatsächlich überhaupt umsetzbar ist.

Vorerbe – Nacherbe: Wann ist das sinnvoll?

Manchmal passt es nicht, dass alle Erben gleichzeitig das Vermögen erhalten. Wie im Beispiel zum Ehegattentesta-

Erbe erst zu einem bestimmten Zeitpunkt

ment dargestellt, würde es die Ehefrau in finanzielle Nöte bringen, müsste sie das Erbe mit den Kindern teilen. Die Lösung ist hier, dass zunächst die Frau alles erbt. Sie wird zur so genannten **Vorerbin**. Erst nach ihrem Tod fließt der gesamte Nachlass den Kindern zu. Sie sind die **Nacherben**.

Als Erblasser können Sie auch einen anderen Zeitpunkt als den Tod des Vorerben wählen, an dem die Nacherben zum Zug kommen sollen. Wollen Sie Ihren Kindern den Start in die Eigenständigkeit erleichtern, kann die Volljährigkeit eines der Nachkommen die Nacherbschaft auslösen. Auch wenn der Vorerbe wieder heiratet, kann das ein Grund sein, den Nacherben das Erbe zukommen zu lassen.

Will der Erblasser verhindern, dass das Kind seines Ehegatten aus erster Ehe etwas von seinem Vermögen erhält, kann er auch das im Wege der Vor- und Nacherbschaft regeln. Das Testament lautet dann beispielsweise: „Ich setze meine Frau zur Vorerbin ein. Meine Tochter Anna soll Nacherbin meines Vermögens sein.“

TIPP

Konsequenzen

Wollen Sie als Erblasser Ihre Nachkommen stufenweise zu Erben machen, sollten Sie sich dies in jedem Fall mit Rücksicht auf die Konsequenzen gut überlegen. Leicht kann diese Regelung zu Streit unter den Erben führen. Die Nacherben wollen, dass das Vermögen möglichst erhalten bleibt, bis sie es bekommen. Der Vorerbe will mit seinem Vermögen tun können, was er will.

Was darf der Vorerbe mit dem Nachlass tun – und was nicht?

Vorerben sind eingeschränkt

Der Vorerbe wird im Erbfall zunächst Eigentümer aller Nachlassgegenstände. Er ist aber stark eingeschränkt darin, was er mit dem Vermögen anfangen darf. Damit soll verhindert werden, dass die Nacherben leer ausgehen, weil der Vorerbe das Vermögen verbraucht hat. Ein Vorerbe darf daher eine geerbte Immobilie nutzen, darin wohnen oder von den Erträgen wie Mieten oder Zinsen leben. Er darf das Haus oder die Wohnung aber nicht verkaufen oder mit einer Hypothek belasten. Wenn er das tun möchte, braucht er dazu immer die **Zustimmung** der Nacherben. Außerdem darf der Vorerbe in der Regel nichts aus dem Nachlass verschenken. Es sei denn, es handelt sich um kleinere Geschenke im angemessenen Rahmen etwa aus Anlass eines Geburtstags. Geht es um andere Gegenstände, und nicht um Immobilien, ist er etwas freier. So darf er beispielsweise das geerbte Auto oder den Wohnzimmertisch verkaufen, der Erlös fließt dann in den Nachlass.

Zustimmung des Nacherben

Die Beschränkungen für den Vorerben ergeben sich übrigens schon aus dem Gesetz. Sie müssen nicht extra ins Testament aufgenommen werden.

Der Vorerbe muss den Nachlass verwalten

Der Vorerbe hat eine verantwortungsvolle Position. Er muss den Nachlass so **verwalten**, dass er nicht beschädigt wird. Hat er beispielsweise ein Haus geerbt, so muss er es in Stand halten und darf es nicht verkommen lassen. Dazu gehört auch, dass er notwendige Renovierungen und Ausbesserungen vornimmt. Die erforderlichen Versicherungen für das Haus muss er ebenfalls abschließen. Bezahlt wird dies aus den Erträgen des Nachlasses. Sind größere Maßnahmen erforderlich, die mehr kosten, wie etwa der Einbau einer neuen Heizungsanlage oder ein neues Dach, kann das Geld dafür aus dem Nachlassvermögen genommen werden.

Zinsen

Geld, das der Nachlass abwirft, wie beispielsweise Mieteinnahmen, muss der Vorerbe sofort und verzinslich anlegen.

Stirbt der Vorerbe oder tritt eine andere Bedingung für die Nacherbschaft ein, fällt das Vermögen automatisch an den Nacherben.

Wenn der Vorerbe sich nicht an seine Pflichten hält

Kaufverträge unwirksam

Verkauft der Vorerbe ein Grundstück, obwohl er es nicht darf, ist der Kaufvertrag zwischen Vorerbe und Käufer unwirksam. Der Nacherbe kann vom Käufer das Grundstück wieder zurückverlangen.

Der Vorerbe kann sich auch schadensersatzpflichtig machen, wenn er seinen Pflichten nicht nachkommt. Verwaltet er etwa das Haus nicht richtig oder nimmt es Schaden, weil beispielsweise Wasser durch ein undichtes Dach eindringt und so der Wert des Hauses reduziert wird, muss der Vorerbe dem Nacherben den Schaden ersetzen.

Entziehung der Verwaltung

Der Nacherbe kann den Vorerben kontrollieren. Hat er die Befürchtung, dass der Vorerbe so unachtsam ist, dass er den Bestand des Nachlasses gefährdet, muss er ihm ein Verzeichnis über die Gegenstände anfertigen, die sich im Nachlass befinden. Stellt sich heraus, dass der Vorerbe seinen Pflichten nicht nachkommt, kann ihm die Verwaltung entzogen werden.

Vorerbe mit mehr Rechten – befreiter Vorerbe

Sie können als Erblasser auch bestimmen, dass der Vorerbe weniger in seinen Befugnissen beschränkt ist.

Sie setzen ihn dann zum so genannten **befreiten Vorerben** ein. Ein befreiter Vorerbe darf ein Grundstück ohne Zustimmung der Nacherben verkaufen. Aber auch der befreite Vorerbe muss den Nachlass für die Nacherben insoweit erhalten, als er nichts verschenken darf.

Auch befreite Vorerben müssen Nachlass erhalten

Zum Schadenersatz ist der befreite Vorerbe dem Nacherben nur dann verpflichtet, wenn er mutwillig das Vermögen schädigt oder verschleudert.

Alternativen zur Vor und Nacherbschaft

Wenn Sie als Erblasser Ihren Ehegatten absichern und sicherstellen wollen, dass er nach Ihrem Tod im gemeinsamen Haus leben kann, können Sie ihm auch ein umfangreiches Nutzungsrecht (Nießbrauch) am Nachlass zusprechen. Ihm wird dann gestattet, sein Leben lang in dem Haus zu wohnen und alle Gegenstände zu nutzen. Ihre Kinder können Sie zu unmittelbaren Erben einsetzen. Dies hat auch steuerliche Vorteile: Sie müssen nur einmal Erbschaftssteuer zahlen, denn im Gegensatz zur Vor- und Nacherbschaft gibt es ja nur einen Erbfall und nicht zwei.

Nießbrauch hat Steuervorteile

Im Testament kann dies folgendermaßen lauten: „Meine Kinder Maria und Hans setze ich zu meinen Erben ein. Meiner Ehefrau Hanna steht bis zu ihrem Tod der Nießbrauch an meinem Nachlass zu."

Beispiel

TIPP

Freibeträge beachten

Aus steuerlichen Gründen kann es sinnvoll sein, eine Vor und Nacherbschaft zu vermeiden, wenn Sie die Freibeträge überschreiten.

Wie kann der Erblasser Streit vorbeugen?

Genaue Verteilung

Leider kommt es immer wieder zum Streit unter den Erben. Oft auch, weil der Erblasser sich zu Lebzeiten nicht genug Gedanken gemacht hat. Er hat zwar im Testament festgelegt, wer erben soll, aber nicht, wie das Erbe später genau verteilt werden soll. Weil aber kaum jemand möchte, dass sich die Verwandtschaft nach dem eigenen Tod bis aufs Messer bekriegt, sollte man beim Schreiben des Testaments oder beim Gang zum Notar auch darüber nachdenken, wer was bekommen soll. So wäre es möglich, dem Sohn die Eigentumswohnung in Hamburg, der Tochter die in Berlin plus 20.000 Euro in bar zu vererben.

Formulieren Sie eindeutig!

Wie immer Sie in Ihrem Fall den Nachlass regeln wollen, eins ist wichtig: Sie sollten auf eine eindeutige Formulierung achten.

Erben mit Auslandsberührung: Die neue Europäische Erbrechtsverordnung

Neue Regelung

Europa wächst immer mehr zusammen. Das betrifft nicht nur den wirtschaftlichen Bereich. Auch die Privatangelegenheiten der EU-Bürger sollen innerhalb Europas einfacher zu regeln sein. Daher gilt für alle Erbfälle seit dem 17. August 2015 die Europäische Erbrechtsverordnung (EU-ErbVO). Diese war notwendig geworden, weil es jedes Jahr etwa 450.000 Erbfälle mit Auslandsbezug in Europa gibt und es häufig unklar war, welches nationale Erbrecht angewendet werden soll.

Auslandsbezug liegt immer dann vor, wenn

- der Erblasser Ausländer war,
- der Erblasser im Ausland lebte, als er starb,
- der Erblasser Vermögen im Ausland hatte.

Welches Recht wird angewendet?

Das bedeutet aber nicht, dass das Erbrecht in ganz Europa nun gleich ist. Im Gegenteil: An den Regeln der einzelnen EU-Staaten, wie ein Testament verfasst wird oder wie die gesetzliche Erbfolge ist, ändert sich nichts. Die Verordnung regelt vielmehr, welches nationale Recht überhaupt angewendet werden soll, wenn jemand stirbt, der im Ausland gelebt hat.

Entscheidend ist der „gewöhnliche Aufenthalt"

Abgestellt wird jetzt nicht mehr auf die Staatbürgerschaft des Erblassers, wie es bis zum 17. August 2015 war. Entscheidend ist jetzt, wo er zuletzt seinen gewöhnlichen Aufenthalt hatte. (Art. 21 EU-ErbVO). Die Verordnung definiert aber den „gewöhnlichen Aufenthalt" nicht näher. Er ist nicht gleichzusetzen mit dem Wohnort, also entscheidend ist nicht, ob der Erblasser dort gemeldet ist. Experten vermuten, dass der Gesetzgeber in einigen Jahren den Begriff des gewöhnlichen Aufenthalts näher definieren wird, um Streit zu vermeiden. Bis dahin hängt die Einordnung von den persönlichen Umständen des Einzelfalls ab.

BEISPIEL

Ein deutsches Ehepaar beschließt, nach Eintritt der Rente seinen Lebensabend in Südfrankreich zu verbringen. Am 10. Januar 2016 stirbt der Ehemann. Davor hat das Ehepaar zehn Jahre in Frankreich gewohnt. Beide waren in dieser Zeit aber auch mehrfach in Deutschland, um dort ihre Kinder und Enkel zu besuchen. Sie besitzen dort auch noch ihr Haus, um das sie sich regelmäßig kümmern und nur teilweise vermietet haben. Auch Geldanlagen bei deutschen Banken sind noch vorhanden. Welches Erbrecht wird nun angewendet?

Vor Inkrafttreten der EU-ErbVO wäre im Erbfall auf alle Fälle deutsches Recht angewendet worden, weil der Erblasser deutscher Staatsbürger war. Seit dem 17.8.2015 wird das Recht desjenigen Landes angewendet, in dem der Erblasser seinen letzten gewöhnlichen Aufenthalt hatte. Obwohl er noch Vermögen in Deutschland hat und oft dort war, war der Lebensmittelpunkt des Erblassers in Frankreich, wo er auch schon ein freundschaftliches Umfeld hatte. Die Aufenthalte in Deutschland waren lediglich Besuche und auch die bestehenden Vermögenswerte in Deutschland bedeuten nicht, dass er deswegen seinen gewöhnlichen Aufenthalt nicht in Frankreich haben konnte. Den weitaus größten Teil des Jahres lebte er in Frankreich. Daher wird französisches Erbrecht angewendet.

Das neue Gesetz dient also lediglich dazu, die Frage zu vereinfachen, welches nationale Recht angewendet wird. In der Vergangenheit kam es häufig dazu, dass Immobilienbesitz in Frankreich nach französischem Recht vererbt wurde, der Rest des Vermögens dann nach deutschem Recht. Nach neuem Recht bleibt das gesamte Vermögen eine Einheit und wird nach nur einem nationalen Recht vererbt.

GUT ZU WISSEN

In Großbritannien, Irland und Dänemark gilt die neue Verordnung nicht, obwohl diese Länder zur EU gehören. Auch die Schweiz und Liechtenstein wenden es nicht an. Hier gilt weiterhin Internationales Privatrecht, das im EGBGB (Einführungsgesetz zum Bürgerlichen Gesetzbuch) aufgeführt ist. Die Türkei und der Iran als Nicht-EU-Staaten haben ein Abkommen mit Deutschland, in dem vereinbart wurde, welches Recht im Erbfall gelten soll. Dieses Abkommen gilt vorrangig. Für alle anderen Staaten werden die Regeln des Internationalen Privatrechts angewendet.

Was müssen „Ausländer" bei der Errichtung eines Testaments beachten?

Anpassung an nationale Vorgaben

Wer im Ausland lebt und dort ein Testament errichtet, muss die in diesem Land bestehenden Gesetze zur Errichtung eines Testaments beachten. Das heißt, alle formellen Regeln müssen eingehalten werden, genauso wie inhaltliche Anforderungen. Das kann zum Beispiel das Pflichtteilsrecht sein, das in Italien ganz anders ist als in Deutschland. Wichtig ist daher, dass man sich bei einem Umzug ins Ausland schon frühzeitig darüber informiert, welche erbrechtlichen Besonderheiten dort herrschen, und gegebenenfalls das Testament entsprechend abändert.

Wahl des Erbrechts ist möglich – und manchmal auch sinnvoll

Wahl des Rechts des Heimatlandes

Wer nicht möchte, dass das Erbrecht des Landes gilt, in dem er gerade lebt, kann auch bestimmen, dass das Erbrecht des Heimatlandes gelten soll. Ein Deutscher, der in den Niederlanden lebt, kann in seinem Testament festlegen, dass im Todesfall deutsches Erbrecht angewendet werden soll. Umgekehrt kann ein Pole, der seit 20 Jahren in Deutschland wohnt, bestimmen, dass polnisches Erbrecht gelten soll. Dies muss aber durch eine letztwillige Verfügung, also etwa ein Testament, schriftlich niedergelegt werden (Art. 22 EU-ErbVO). Es ist aber nur möglich, das Recht des Heimatlandes zu wählen. Wer sich überlegt hat, dass italienisches Recht gerade passend wäre, obwohl er weder in Italien wohnt noch italienischer Staatsbürger ist, hat Pech.

Manchmal ist die ausdrückliche Rechtswahl wichtig, damit der letzte Wille auch wirklich durchgesetzt werden kann.

BEISPIEL

Ein deutsches Ehepaar ist nach Mallorca ausgewandert. Es hat ein Berliner Testament gemacht, in dem sich die Ehepartner gegenseitig zu Erben eingesetzt haben und die Kinder erst erben sollen, wenn beide verstorben sind. Ein solches Testament kennt aber das spanische Rechtssystem gar nicht. Dadurch könnte es Probleme mit dessen Anerkennung geben. Von daher ist es in diesen Fällen sinnvoll, das Berliner Testament durch den Satz zu ergänzen:
„Im Falle unseres Todes soll ausschließlich deutsches Erbrecht gelten. Unser gewöhnlicher Aufenthalt soll keine Rolle spielen."

Enterbung

Die Wahl des Rechts kann auch dann von ganz entscheidender Bedeutung sein, wenn Erblasser ihre Kinder enterben wollen. Denn das Pflichtteilsrecht unterscheidet sich in den einzelnen EU Staaten ganz erheblich. Nach deutschem Recht bekommen Kinder immer einen Pflichtteil. Das ist die Hälfte des gesetzlichen Erbteils. Der Pflichtteil ist nur ein Geldanspruch gegen die Erben. In Italien beispielsweise werden Pflichtteilsberechtigte trotzdem Erben mit der Folge, dass sie dann in einer Erbengemeinschaft mitbestimmen. Und in Polen oder Estland bekommen nur Minderjährige und Arbeitsunfähige einen Pflichtteil.

Ganz wichtig ist daher, dass sich Erblasser, die eine Enterbung planen, genau informieren, welches zur Wahl stehende Erbrecht am vorteilhaftesten für sie ist und wie die Regeln für das Pflichtteilsrecht in dem Land genau sind. Doch Vorsicht: Wer einen „gewöhnlichen Aufenthalt" in einem Land nur annimmt, um einen Pflichtteil zu umgehen, riskiert, dass die Gerichte das nicht anerkennen.

Welche Gerichte sind zuständig?

Lokale Gerichte zuständig

Die EU-ErbVO bestimmt: Im Erbfall sind die Gerichte des Landes zuständig, in dem der Verstorbene seinen letzten gewöhnlichen Aufenthalt hat. Auch wenn der Erblasser bestimmt hat, dass deutsches Recht gelten soll, obwohl er in Spanien lebt, so sind dennoch die spanischen Gerichte zuständig. Die Erben können zwar gemeinsam beantragen, dass sich ein deutsches Gericht mit dem Erbfall befassen soll (Art. 5 EU-ErbVO). Das muss jedoch durch eine schriftliche, gemeinsame und übereinstimmende Gerichtsstandvereinbarung der Erben geschehen.

Neu und ähnlich wie der Erbschein: Das Europäische Nachlasszeugnis

Nachweis

Neu ist auch das europäische Nachlasszeugnis (Art. 62 ff. EU-ErbVO). Es ist – ähnlich wie der Erbschein in Deutschland – ein Nachweis über die Rechtsstellung als Erbe und in allen EU-Staaten gültig (außer Großbritannien, Irland und Dänemark).

Vorteil: Dadurch soll die grenzüberschreitende Nachlassverwaltung einfacher und effizienter werden. Den Erbschein in Deutschland verdrängt er aber nicht. Beide Dokumente können nebeneinander existieren.

KAPITEL 3

Der Erbvertrag

Ein Testament kennt jeder. Aber was ist eigentlich ein Erbvertrag und wofür braucht man ihn? Viele Menschen wissen gar nicht, dass es so etwas überhaupt gibt. Dabei kann ein Erbvertrag in manchen Fallen ganz sinnvoll sein.

Der Unterschied zum Testament

Um ihn zu verstehen, muss man den Erbvertrag zunächst vom Testament unterscheiden. Ein Testament ist eine einseitige Angelegenheit. Die Juristen bezeichnen es auch als einseitige, nicht empfangsbedürftige Willenserklärung. Der Erblasser überlegt sich, wer sein Vermögen nach seinem Tod bekommen soll, und wenn er es sich nach ein paar Jahren wieder anders überlegt, dann kann er es auch wieder ändern, ohne dass jemand ihn daran hindern kann.

Der Erbvertrag dagegen ist eine zweiseitige Angelegenheit, das wird schon durch das Wort „Vertrag" deutlich.

Testament mit Gegenleistung

Bei einem Vertrag wird eine Leistung erbracht, für die man im Gegenzug auch etwas bekommt. Aus einem Erbvertrag kann man daher auch nicht so einfach aussteigen, wie es beim Testament möglich ist, denn der Vertrag bindet beide Vertragsparteien. Wer die Bindungswirkung anstrebt, der ist mit einem Erbvertrag gut beraten, ansonsten ist es besser, sich die Freiheiten zu erhalten.

Keiner der Beteiligten in den drei folgenden Beispielen hätte jemals ein derartiges Testament verfasst. Für alle sind die im Vertrag getroffenen Regelungen wichtig; ohne die

Gegenleistung würden sie ihre eigenen Leistungen nicht erbringen wollen. Ein Erbvertrag kommt auch dann in Betracht, wenn die Kinder auf ihren Pflichtteil verzichten, wozu sie in der Regel nur gegen entsprechende Gegenleistung bereit sind. Mit einem einfachen Testament ist es nämlich nicht möglich, die eigenen Kinder komplett leer ausgehen zu lassen – das hat der Gesetzgeber verboten!

BEISPIEL

Fall 1: Der Vater stirbt und hinterlässt sein Vermögen zu 50 Prozent seiner Ehefrau und zu 50 Prozent seiner Geliebten. Seinen einzigen Sohn hat er enterbt, weil dieser immer gegen die Geliebte war und zu seiner Mutter gehalten hat. Doch laut Gesetz haben Kinder in diesem Fall immer einen Anspruch auf den Pflichtteil. Den könnte er jetzt sowohl von der Mutter als auch von der Geliebten verlangen. Er schließt mit Mutter und Geliebter des Vaters einen Erbvertrag. Er verpflichtet sich, den Pflichtteil nicht zu verlangen. Dafür setzen Geliebte und Mutter ihn zum Alleinerben ein. Auf diese Weise profitiert jeder: Mutter und Geliebte können das Geld erst einmal behalten und müssen nichts flüssig machen. Und der Sohn erbt am Ende alles von den beiden Frauen.
Fall 2: Eine Witwe hat eine Tochter und eine Nichte. Mit der Tochter hat sie immer Streit, mit der Nichte versteht sie sich dagegen sehr gut. Als sie eines Tages pflegebedürftig wird, schließen die Witwe, ihre Nichte und die Tochter einen Erbvertrag. Die Nichte wird Erbin des gesamten Vermögens, die Tochter verzichtet auf den Pflichtteil. Dafür muss die Nichte die Tante bis ans Lebensende pflegen und darf sie nicht ins Heim bringen, die Tochter wird dadurch all ihrer Verpflichtungen enthoben.
Fall 3: Die Eltern haben ein Unternehmen, eine Tochter und einen Sohn. Der Sohn ist Künstler, die Tochter hat den geschäftlichen Sinn der Eltern geerbt und besitzt eine eigene Firma. Die Eltern bitten sie, in das elterliche Unternehmen einzusteigen und die eigene Firma aufzulösen. Sie schließen deshalb einen Erbvertrag: Die Tochter erklärt sich bereit, im Unternehmen mitzuarbeiten. Dafür verpflichten sich die Eltern, ihr das Unternehmen zu vererben. Dadurch wird das Risiko für die Tochter, ihre eigene Firma aufzugeben, minimiert.

Formvorschriften beim Erbvertrag

Achtung: Zwingende Formvorschrift!

Der Erbvertrag wird immer zwischen dem Erblasser und dem oder den künftigen Erben abgeschlossen. Es sind also stets zwei Personen daran beteiligt. Das sagt ja auch schon das Wort „Vertrag“ aus. Ganz so einfach wie beim normalen Testament ist es aber nicht. Ein Erbvertrag muss zwingend von einem Notar abgeschlossen werden. Alle Vertragsparteien müssen dafür anwesend sein. Wird die Form nicht gewahrt, dann ist der Vertrag unwirksam. Man muss den Vertrag zwar nicht unbedingt amtlich verwahren lassen, sollte es aber besser tun.

Aus dem Erbvertrag aussteigen

Vorsicht: Ein Erbvertrag bindet

Der Vorteil des Erbvertrags ist seine Bindungswirkung. Man bekommt für das, was man im Vertrag vereinbart hat, vom anderen auch etwas, also etwa Erbschaft für Pflege oder Erbschaft gegen Verzicht auf finanzielle Forderungen.

Doch diese Vorteile sind gleichzeitig auch die Nachteile des Erbvertrags: Man ist eben gebunden. Sagt einem die vertragliche Regelung irgendwann einmal nicht mehr zu, dann hat man sich aber verbindlich verpflichtet. Ein Testament könnte man einfach ändern, bei einem Erbvertrag geht das nicht. Deshalb sollte sich jeder gut überlegen, ob er wirklich einen Erbvertrag abschließen möchte. Häufig kann man nicht voraussehen, wie sich die Dinge im Laufe des Lebens ändern. Wenn man dann aus einem Vertrag nicht mehr herauskommt, kann das sehr lästig sein.

Ein **Rücktrittsrecht** vom Vertrag ist nämlich nur in engen Grenzen möglich. Es ist allerdings immer dann gegeben, wenn ein Vertragspartner seine Gegenleistungen nicht erfüllt. Nehmen wir noch einmal das Beispiel 2, in dem die Tante mit ihrer Nichte einen Erbvertrag mit dem Inhalt abgeschlossen hat, dass diese sie bis ans Lebensende pflegt. Lässt die Pflege zu wünschen übrig oder kümmert sich die Nichte gar nicht um ihre Tante, dann kann diese vom Vertrag zurücktreten.

Rücktritt wegen Vertragsverletzung

Ebenso ist es, wenn derjenige, der zum Erben eingesetzt worden ist, gegen den Erblasser eine schwere Verfehlung begeht, also wenn er ihn misshandelt oder gar versucht hat, ihn zu töten. Der Erblasser kann dann natürlich vom Vertrag zurücktreten. Unter diesen Umständen ist es niemandem zuzumuten, am Erbvertrag festzuhalten.

Vereinbartes Rücktrittsrecht

Zurücktreten kann man natürlich auch vom Erbvertrag, wenn darin ein Rücktrittsrecht vereinbart war.

Es gibt auch die Möglichkeit, den Vertrag **anzufechten**. Das kommt immer dann in Betracht, wenn einer der beiden Vertragspartner beim Abschluss des Vertrags ganz falsche Vorstellungen hatte. Wenn sich beispielsweise herausstellt, dass die Tochter, die in Beispiel 3 das Unternehmen übernehmen soll, gar keine wirtschaftliche Ausbildung oder Erfolge hatte, sondern alles nur vorgegaukelt war, dann können die Eltern den Vertrag wegen Irrtums anfechten. Beachten Sie aber: Man muss wirklich handfeste Gründe ins Feld führen, um einen Erbvertrag anfechten zu können. Es ist ein sehr kompliziertes Unterfangen, das oft einen langen Prozess nach sich zieht, und vielfach nicht von Erfolg gekrönt ist. Mit einem vertraglich vereinbarten Rücktrittsrecht sorgen Sie sicher vor.

Anfechtung wegen Irrtums

Eine letzte Möglichkeit, aus dem Erbvertrag auszusteigen, ist das beiderseitige Einverständnis. Wenn beide Vertragspartner den Erbvertrag nicht mehr wollen, dann können sie ihn auflösen.

WICHTIG

Mündlich reicht nicht

Sämtliche Erklärungen wie Rücktritt, Anfechtung oder Vertragsauflösung müssen beim Notar abgegeben werden. Es reicht nicht aus, wenn die Vertragspartner sich mündlich versichern, der Vertrag sei aufgelöst. Denn der gültige notarielle Vertrag existiert ja noch, und der ist im Zweifel gültig. Eine Ausnahme gilt für Ehepaare. Sie können ihren notariellen Erbvertrag durch ein handschriftliches gemeinschaftliches Ehegattentestament aufheben.

Ein weiteres Problem ist der schleichende Ausstieg aus dem Vertrag. Denn oft kommt es vor, dass der zukünftige Erblasser sein Vermögen schon zu Lebzeiten verprasst oder sonst wie zur Seite schafft. Das darf er auch, solange er es nicht mit der Absicht tut, den Vertragspartner zu schädigen. Denn er ist weiterhin verfügungsberechtigt über sein Vermögen und darf somit zu Lebezeiten damit machen, was er will. So kann er etwa seine Immobilien, Möbel oder sein Auto verkaufen oder sie einfach verrotten lassen.

Verschenkte Erbstücke zurückholen!

Verschenkt er aber Vermögen in der Absicht, den zukünftigen Erben zu benachteiligen, darf dieser sich vom Beschenkten wieder alles zurückholen, und zwar drei Jahre lang. Das Problem ist allerdings, dass man dem Erblasser dann seine Benachteiligungsabsicht nachweisen muss – und das kann sehr schwierig sein.

GUT ZU WISSEN

Klausel

So sichern Sie sich ab: Wenn Sie Sorge haben, dass aus dem Erbe am Ende „mangels Masse" nichts mehr werden könnte, dann sollten Sie eine Klausel in den Erbvertrag aufnehmen, in der sich der Erblasser verpflichtet, über wesentliche Vermögensgegenstände nicht mehr zu verfügen. So kann er erklären, dass er sein Haus nicht mehr verschenken oder verkaufen wird oder bestimmte Aktienpakete nicht mehr aus der Hand gibt.

KAPITEL 4

Enterbung und Pflichtteilsansprüche

„Du bist enterbt!" In vielen Spielfilmen wird uns suggeriert, dass Eltern ihre Kinder gänzlich enterben können. In anderen Ländern mag das durchaus so sein. Doch in Deutschland ist es nur in ganz seltenen Ausnahmefällen möglich. Zwar kann der Erblasser sein Kind enterben, es bekommt aber in der Regel immer noch den Pflichtteil.

Enterbung ist in Deutschland kaum möglich

Sicher gibt es immer wieder Situationen, in denen man sich wünscht, man könnte bestimmte Angehörige komplett enterben. Wenn die Kinder etwa nicht so wollen wie die Eltern oder wenn ein richtiger Familienkrach schwelt. Dennoch hat der Gesetzgeber festgelegt, dass bestimmte Familienmitglieder immer einen Mindestanteil am Erbe bekommen sollen: den Pflichtteil. Niemand aus diesem Personenkreis soll völlig leer ausgehen, nur weil ein emotionales Gewitter über die Familie hinweggezogen ist. Denn die Folgen wären zu weit reichend.

Wer bekommt immer einen Pflichtteil?

Selbst wenn nahe Angehörige im Testament nicht erwähnt werden oder gar ausdrücklich enterbt werden, bekommen sie unter Umständen noch ihren Pflichtteil und nicht gar nichts. Das Gleiche gilt, wenn sie nur ein Vermächtnis erhalten. Doch dieses Privileg kommt nur bestimmten Menschen zugute. Zum Personenkreis der Pflichtteilsberechtigten gehören nur Familienmitglieder – und auch nur solche, die dem Erblasser sehr nahe stehen, wie

- Ehegatte
- Kinder (Sind die Kinder des Erblassers schon tot, haben sie aber ihrerseits Kinder hinterlassen, dann treten diese Enkel an die Stelle der pflichtteilsberechtigten Kinder und sind selbst pflichtteilsberechtigt.)
- Eltern (Die Eltern des Erblassers bekommen nur dann einen Pflichtteil, wenn der Erblasser keine Kinder hat. Das bedeutet in der Praxis: Ein kinderloser überlebender Ehepartner muss das Erbe des Ehegatten immer mit dessen Eltern teilen.)

BEISPIEL

Pflichtteil für die Enkel
Witwer Hans stirbt und hinterlässt seine Kinder Peter und Klaus, das dritte Kind, Egon, ist bereits vor einem Jahr gestorben. Egon hatte ebenfalls zwei Kinder, Gitte und Maria. Die beiden Enkel wären eigentlich nicht pflichtteilsberechtigt. Sie treten aber an die Stelle von Egon. Allerdings bekommen sie beide zusammen nur den Pflichtteil, den Egon bekommen hätte, und nicht jeder einzeln.

Nichteheliche Kinder

Beachten Sie: Geschwister und andere Verwandte, die bei der entsprechenden Konstellation Erben werden können, sind keine Pflichtteilsberechtigten. Demgegenüber zählen nichteheliche Kinder ebenso zu den Pflichtteilsberechtigten wie die Eltern eines nichtehelichen Kindes.

In den meisten europäischen Ländern steht Kindern ein Pflichtteil zu, allerdings kann er ganz unterschiedlich ausgestaltet sein. In Großbritannien gibt es keine Pflichtteilsberechtigten. In Österreich gelten Pflichtteilsergänzungsansprüche nur für Schenkungen, die innerhalb der letzten zwei Jahre gemacht wurden. In Polen und Lettland haben nur Minderjährige und Arbeitsunfähige einen Pflichtteilsanspruch. In vielen Staaten der USA können Kinder komplett enterbt werden. Sollte es also in irgendeiner Form einen Auslandsbezug geben, sollten Sie sich rechtlich individuell beraten lassen, welches Erbrecht für Sie am günstigsten ist.

Verzicht auf Erbansprüche

Wer die in den Beispielen beschriebenen Konstellationen nicht eintreten lassen will, kann versuchen, mit dem Pflichtteilsberechtigten einen Erbvertrag abzuschließen. Gerade dann, wenn sich nahe Angehörige schon Jahre aus den Augen verloren haben, ist es manchmal beiden Teilen nicht unrecht, wenn sie gegenseitig auf künftige Ansprüche verzichten.

BEISPIEL

Fall 1: Franz ist verheiratet: Er hat eine Frau und eine Tochter namens Maria. Zudem hat er noch einen nichtehelichen Sohn, Peter. Zu Peter hat er keinerlei Kontakt mehr. Deshalb hat er ihn im Testament enterbt. Stirbt Franz, würde normalerweise seine Ehefrau die Hälfte des Vermögens erben, die andere Hälfte müsste sich Maria mit Peter teilen, so dass jeder ein Viertel bekäme. Da Peter enterbt ist, bekommt er aber nur die Hälfte des gesetzlichen Erbteils. Peter bekommt demnach ein Achtel des Nachlasses, auch wenn er enterbt wurde.
Fall 2: Annette ist unverheiratet und hat keine Kinder. Ihre Eltern leben noch. Ihren Vater sieht sie schon lange nicht mehr, sie hat ihm nie verziehen, dass er die Mutter verlassen hat. Zu ihrer Mutter hat Annette aber nach wie vor ein inniges Verhältnis. Annette sorgt vor und schreibt ein Testament, in dem sie ihren Vater enterbt. Als Annette bei einem Autounfall ums Leben kommt, fordert ihr Vater seinen Pflichtteil ein. Normalerweise würde er die Hälfte des Nachlasses bekommen. Weil er aber enterbt wurde, steht ihm nur noch ein Viertel zu. Das kann er von der Mutter als Erbin herausverlangen.

Wer gilt als erbunwürdig?

Es gibt aber auch Situationen, in denen die pflichtteilsberechtigten Personen nicht einmal den Pflichtteil bekommen. Das ist immer dann der Fall, wenn sie sich als erbunwürdig erweisen.

Erbunwürdig ist jemand,

Erbunwürdige Personen erben nichts

- der den Erblasser, seinen Ehegatten, seine Kinder oder eine dem Erblasser nahestehende Person, wie etwa Lebensgefährten, Stief- oder Pflegekinder, getötet hat oder es wollte. Wenn also der Sohn versucht, seine Eltern zu ermorden, dann bekommt er später vom Erbe gar nichts – auch nicht den Pflichtteil;
- der sich eines sonstigen Verbrechens oder schweren vorsätzlichen Vergehens gegenüber diesen Personen schuldig macht. Das können etwa Urkundenfälschungen sein, unter Umständen sogar schwere Beleidigungen, durch die der Erblasser stark gekränkt wird, ein Einbruch beim Erblasser oder eine Unterschlagung;
- der seine bestehende Unterhaltsverpflichtung gegenüber dem Erblasser böswillig verletzt. Wenn also der Sohn trotz hohen Einkommens dem bedürftigen Vater keinen Unterhalt zahlt, ist er erbunwürdig. Praktisch kommt dieser Fall aber selten vor. Denn ein bedürftiger Elternteil wird in der Regel kein so großes Vermögen hinterlassen, dass sich eine Enterbung lohnen würde. Es sei denn, der bedürftige Vater würde einen Lottogewinn oder selbst eine Erbschaft machen, nachdem der Sohn seine Unterhaltsverpflichtung verletzt hat;
- der wegen einer vorsätzlichen Straftat zu einer Freiheitsstrafe von mindestens einem Jahr ohne Bewährung rechtskräftig verurteilt ist, so dass die Teilnahme am Nachlass für den Erblasser unzumutbar ist. Gleiches gilt, wenn der Erbe wegen einer ähnlich schwerwiegenden vorsätzlichen Tat auf rechtskräftige Anordnung in einem psychiatrischen Krankenhaus oder in einer Erziehungsanstalt untergebracht wird.

Ob jemand erbunwürdig ist oder nicht, entscheidet sich im Regelfall erst nach dem Tod des Erblassers. Die Miterben müssen eine Klage erheben mit dem Inhalt, den gewalttätigen Erben für erbunwürdig und damit auch für nicht pflichtteilsberechtigt erklären zu lassen. Wer eine solche Klage bei Gericht einreichen darf, steht im Gesetz. Danach ist jeder anfechtungsberechtigt, dem der Wegfall des Erbunwürdigen in irgendeiner Form zustatten kommt. Das sind also in der Regel die Miterben. Die teilen sich dann auch das jetzt zur Verfügung stehende zusätzliche Erbe unter sich auf.

Anfechtungsberechtigte

Wie hoch ist der Pflichtteil?

Der Pflichtteilsberechtigte kann nicht irgendwelche Gegenstände von den Erben herausverlangen, er hat vielmehr nur einen Zahlungsanspruch gegen die Erben in Höhe des errechneten Wertes seines Pflichtteils. Wie hoch dieser Teil ist, bestimmt sich immer nach dem gesetzlichen Erbteil (das könnten Sie genau nachlesen in Kapitel 1 „Die gesetzliche Erbfolge“). Der gesetzliche Erbteil ist das, was die Erben bekommen würden, wenn kein Testament existiert. Der Pflichtteil beträgt die Hälfte des gesetzlichen Erbteils.

Faustregel: Der Pflichtteil beträgt immer die Hälfte des gesetzlichen Erbteils

Wer nur seinen Pflichtteil bekommt, der muss ihn bei den Erben einfordern. Denn automatisch ausgezahlt wird er nicht. Und dafür gibt es eine **Frist**. Innerhalb von drei Jahren, nachdem man vom Erbfall erfahren hat, muss man seine Ansprüche geltend machen. Danach sind sie verjährt. Das kann manchmal zu Problemen führen, wenn nicht klar ist, wie hoch das hinterlassene Vermögen eigentlich ist. Wenn zum Beispiel ein Handwerksbetrieb vererbt wird, eine Arztpraxis oder Gesellschafteranteile, wenn der Erblasser noch

Vorsicht, Frist!

Kredite vergeben hat oder Lebensversicherungen besitzt, dann muss der Wert oft erst umständlich berechnet werden. Und das ist meistens gar nicht so einfach. Die enterbten Pflichtteilsberechtigten haben daher das Recht, von den Erben **Auskunft** über die Höhe des Vermögens zu bekommen. Mit Hilfe eines Notars kann diese auch mit einer eidesstattlichen Versicherung durchgesetzt werden. Sie haben sogar das Recht, bei der Inventarisierung dabei zu sein oder einen Notar hinzuzuziehen. Die Kosten für die Bewertung des Vermögens sind aus dem Nachlass zu bestreiten. Sie schmälern somit auch den Wert des Pflichtteils.

Anspruch auf Auskunft über den Wert des Nachlasses

BEISPIEL

Pflichtteil

Der Ehemann stirbt und hinterlässt ein Vermögen von einer Million Euro, zwei Kinder und seine Ehefrau. In seinem Testament hat er verfügt, dass seine Geliebte alles erben soll. Frau und Kinder hat er enterbt. Die Familie ist entsetzt und fordert ihren Pflichtteil ein. Und der berechnet sich so:

Hätte der Vater kein Testament gemacht, dann bekäme die Ehefrau die Hälfte des Vermögens (500.000 Euro), die Kinder die andere Hälfte, also je ein Viertel (je 250.000 Euro).

Die Ehefrau hätte also einen Pflichtteilsanspruch in Höhe der Hälfte des gesetzlichen Erbteils, also 250.000 Euro. Die Kinder hätten einen Anspruch von je 125.000 Euro. Insgesamt bekommen die Witwe und die beiden Kinder zusammen 500.000 Euro vom Erbe, also die Hälfte. Der Geliebten bleibt also nur die Hälfte ihrer erhofften Erbschaft. Sie muss jetzt als Erbin des Verstorbenen der Familie den zustehenden Pflichtteil auszahlen – ob sie will oder nicht.

Die Herabsetzung auf den Pflichtteil wird in der Praxis auch gerne als Druckmittel eingesetzt. Die Pflichtteilsklausel in Ehegattentestamenten soll Kinder daran hindern, beim Tode des ersten Elternteils von dem anderen seinen Pflichtteil herauszuverlangen. Lesen Sie dazu im Kapitel 1 den Abschnitt „Das Berliner Testament“.

Stundung des Pflichtteils

Die Auszahlung des Pflichtteils kann den Erben natürlich ganz schön in Zahlungsschwierigkeiten bringen. Gerade wenn der Nachlass hauptsächlich aus einer Immobilie besteht, ist die Auszahlung ohne die Zerschlagung des Erbes häufig gar nicht möglich.

Der Erbe kann in solchen Fällen deshalb die Stundung des Pflichtteils verlangen, wenn die sofortige Erfüllung des gesamten Anspruchs für ihn eine unbillige Härte darstellen würde. Das ist insbesondere dann der Fall, wenn ihn die Auszahlung zur Aufgabe des Familienheims zwingen würde, das für den Erben und seine Familie die wirtschaftliche Lebensgrundlage bildet. Wie lange die Zahlung aufgeschoben werden kann, muss im Einzelfall der Richter entscheiden.

Pflichtteilergänzungsansprüche

Die Pflichtteilergänzungsansprüche hat der Gesetzgeber erfunden, um enterbten Familienangehörigen den Pflichtteil vor allzu gerissenen Erblassern zu sichern. Denn es gibt scheinbar einen Trick, wie man die Kinder oder den Ehegatten doch noch fast enterben kann. Nämlich indem man sie „austrocknet". So kann der Erblasser, in Erwartung seines baldigen Todes, sein Vermögen ja auch schon zu Lebzeiten an seine beliebtere Verwandtschaft oder seine Freunde verschenken oder übertragen. Dann bleibt im Fall des Todes einfach nichts mehr übrig, was noch vererbt werden kann, oder zumindest nicht mehr so viel wie vorher. Der Pflichtteilsanspruch ist dann erheblich geschrumpft.

Verschenken lohnt sich nicht!

Aber so einfach geht es nicht. In solchen Fällen steht dem Pflichtteilsberechtigten ein so genannter Pflichtteilergänzungsanspruch zu. Schenkungen, die der Erblasser vorgenommen hat, um den Pflichtteilsberechtigten zu benachteiligen, werden so behandelt, als wären sie nie vorgenommen worden. Das hat zur Folge, dass sich der Wert des hinterlassenen Vermögens wieder auf den Urzustand vor den Schenkungen erhöht. Bis zum 31.12.2009 galt aber Folgendes: Nur Schenkungen, die innerhalb der letzten zehn Jahre gemacht wurden, mussten wieder in den Nachlass gerechnet werden. Das konnten Grundstücke sein, wertvoller Schmuck, Geldbeträge, Unternehmensbeteiligungen, Aktienpakete oder einzelne Gegenstände wie Antiquitäten oder ein Auto. Nicht hinzu zählten allerdings Anstandsgeschenke, wie etwa die zum Geburtstag.

Seit dem 1.1.2010 gibt es diesbezüglich eine Änderung: Die Schenkung findet für die Berechnung des Ergänzungsanspruchs graduell immer weniger Berücksichtigung, je länger sie zurückliegt: Eine Schenkung im ersten Jahr vor dem Erbfall wird demnach voll in die Berechnung einbezogen, im zweiten Jahr jedoch nur noch zu $^{9}/_{10}$, im dritten Jahr zu $^{8}/_{10}$ usw. Damit wird sowohl dem Erben als auch dem Beschenkten mehr Planungssicherheit eingeräumt.

BEISPIEL

Unentgeltliche Schenkung

Hat der Erblasser seiner Nachbarin ein Kette im Wert von 4.000 Euro geschenkt, weil sie ihm ein Jahr lang den Garten gepflegt hat, dann ist die Schenkung nicht unentgeltlich, sondern eine Gegenleistung für erbrachte Dienste. Die Schenkung darf daher nicht zum Erbe dazugerechnet werden und hat somit auch keinen Einfluss auf den Pflichtteilergänzungsanspruch.
Hat er der Nachbarin dagegen die Kette nur geschenkt, weil er sie so nett findet und das Schmuckstück seinen Kindern sowieso nicht gönnt, dann ist die Schenkung unentgeltlich und der Wert der Kette muss in diesem Fall wieder zur Erbschaft hinzugerechnet werden.

Bei wem muss man den Anspruch geltend machen?

Wohin müssen sich die „ausgetrockneten“ Angehörigen also wenden, wenn sie glauben, einen Pflichtteilergänzungsanspruch zu haben? An die Erben? Oder an die Beschenkten?

Das ist nicht so leicht zu beantworten.

Die Erbin muss zahlen

Hat der Erblasser zum Beispiel zwei Töchter und zu Lebzeiten alles an seine eine Tochter Nina verschenkt und sie zur Alleinerbin eingesetzt, dann muss die andere Tochter Ines ihren Pflichtteilergänzungsanspruch bei der Schwester einfordern. Die ist ja in dem Fall Erbin und Beschenkte zugleich.

Die Beschenkte muss zahlen

Hat der Erblasser zu Lebzeiten aber den Großteil seines Vermögens an seine Freundin verschenkt, dann sieht die Situation anders aus. Dann müsste Tochter Nina als Erbin an ihre Schwester Ines möglicherweise mehr an Ausgleich zahlen, als ihr selbst zukommt. In solchen Fällen hat Ines einen Pflichtteilergänzungsanspruch direkt gegen die Freundin des Vaters.

Auskunftsanspruch

Doch woher weiß ein Pflichtteilsberechtigter überhaupt, was er verlangen darf ?

Das Gesetz gibt ihm das Recht, vom Erben Auskunft darüber zu verlangen, welche Schenkungen der Erblasser an wen und in welcher Höhe vorgenommen hat. Der Erbe muss also Kontoauszüge oder sonstige Informationen beschaffen, die dem Pflichtteilsberechtigten helfen, seine Ansprüche zu berechnen.

Kommt der Erbe an diese Informationen nicht heran, dann kann der Berechtigte die Informationen auch vom Beschenkten verlangen.

Ist aber nicht bekannt, an wen der Erblasser sein Vermögen verschenkt hat, etwa weil es sich dabei um Barbeträge handelte, dann steht der Pflichtteilsberechtigte ziemlich hilflos da. Er wird dann wohl wenig Möglichkeiten haben, irgendwie an seinen Pflichtteilergänzungsanspruch heranzukommen.

Eigenheim und Unternehmen

Probleme gibt es derzeit immer wieder, wenn das Vermögen des Erblassers im Wesentlichen aus einem Eigenheim oder einem Unternehmen besteht. Die Erben müssen die Firma oder das Häuschen oft nach dem Tod des Erblassers verkaufen, einfach, weil nicht genug Bares vorhanden ist, um den Pflichtteil auszubezahlen. Lösung bietet hier die bereits geltende Stundungsregelung, die jedoch derzeit sehr eng ausgestaltet und nur dem pflichtteilsberechtigten Erben (insbesondere den Kindern und dem Ehegatten) eröffnet ist. Mit der Reform ist die Stundung unter erleichterten Voraussetzungen und für jeden Erben durchsetzbar. Diese Regelung schützt somit Familieneigenheime oder Unternehmen besser vor der Gefahr des Verkaufs oder der Zerschlagung.

BEISPIEL

In Zukunft kann auch die Nichte, die ein Unternehmen geerbt hat, eine Stundung gegenüber den pflichtteilsberechtigten Kindern geltend machen, sofern die Erfüllung des Pflichtteils eine „unbillige Härte" darstellen würde.

KAPITEL 5

Die Testamentsvollstreckung

Viele kennen den Begriff Testamentsvollstrecker, aber kaum jemand weiß, was so jemand überhaupt macht. Wer setzt ihn ein, was darf er bestimmen, wozu braucht man ihn und was kostet er? Ein Testamentsvollstrecker soll, vereinfacht gesagt, Ärger vermeiden und dafür sorgen, dass der letzte Wille des Erblassers auch beachtet wird.

Es ist immer ratsam, vorzusorgen. Und wer ein Testament gemacht hat, hat schon viel getan. Es gibt aber Situationen, in denen selbst das nicht ausreicht. Denn häufig ist abzusehen, dass es trotzdem zum Streit über das Erbe kommen kann.

Der verlängerte Arm des Erblassers

Auch wenn das Testament sehr kompliziert ist, Vermächtnisse und Auflagen existieren, oder Vor und Nacherben eingesetzt sind, ist es gut zu wissen, dass es jemanden gibt, der die Wünsche des Erblassers ausführt, das Vermögen verteilt, die Vermächtnisse herausgibt, Auflagen überwacht, Schulden eintreibt oder Gegenstände verkauft. All das kann ein Testamentsvollstrecker. Er ist eine Art Treuhänder, der so lange eingesetzt wird, bis alle Punkte des Testaments abgearbeitet sind und das Erbe verteilt ist. Zwischen den streitbaren Erben kann er dann als eine Art Puffer tätig sein und vermitteln, oder einfach nur die unbeliebte Tätigkeit des Verteilens übernehmen – mit allen ihren bürokratischen Begleiterscheinungen.

Der Testamentsvollstrecker kann aber auch dauerhaft eingesetzt werden, etwa weil über längere Zeit Auflagen zu erfüllen sind, oder der Erbe erst minderjährig ist und das Vermögen so lange vom Testamentsvollstrecker auf eine bestimmte Art und Weise verwaltet werden soll.

Über-schuldeter Nachlass

Ein Testamentsvollstrecker ist auch dann von Vorteil, wenn nicht klar ist, ob das Erbe vielleicht sogar mehr Schulden als Vermögen ausmacht. Die Erben können dann überlegen, ob sie es ausschlagen oder nicht, und so lange sortiert der Testamentsvollstrecker die Vermögenslage.

Wer soll Testamentsvollstrecker werden?

Im Prinzip kann man in seinem Testament jede Person seines Vertrauens zum Testamentsvollstrecker bestimmen. Natürlich können das auch Familienmitglieder sein. Nur volljährig muss die Person sein.

VORSICHT

Risiko

Familienmitglieder streiten bekanntlich gerne und ausgiebig ums Erbe. Wer dann etwa eines der zerstrittenen Kinder zum Testamentsvollstrecker einsetzt, geht zwei Risiken ein.

Erstens könnte er den Bock zum Gärtner machen. Möglicherweise trifft der Vollstrecker Entscheidungen, die eher zu seinen eigenen Gunsten ausfallen.

Zweitens könnte man das eigene Kind auch in eine schreckliche Situation bringen. Die übrigen Miterben fühlen sich häufig benachteiligt und misstrauen dem bevorzugten Erben. Man setzt das als Testamentsvollstrecker bestimmte Kind nur unnötigen Anfeindungen der Geschwister oder sonstigen Familienmitgliedern aus, die es gefühlsmäßig überfordern können.

Besser niemanden aus der Familie nehmen!

Am besten ist es in den meisten Fällen, eine Person zu benennen, die weder erbt noch sonst irgendwie im Testament bedacht wird – und die außerhalb der Familie steht. Es kann beispielsweise ein guter Freund sein, zu dem man das Vertrauen hat, er werde auf die Einhaltung des Testaments achten. Sinnvoll ist es auch, einen Anwalt, Notar oder Wirtschaftsprüfer einzusetzen, weil diese Personen mit derartigen Vorgängen in der Regel vertraut sind. Wer ganz sichergehen möchte, kann auch eine so genannte juristische Person, beispielsweise eine Bank oder Sparkasse, mit dem Amt betrauen. Denn sie kann den Nachlass kompetent und umfassend und vor allem ohne Verzögerungen betreuen, das Erbe sicher im Sinne des Erblassers verwalten und es an die Erben verteilen.

Hinterlassen Sie ein größeres Vermögen, dann kann es ratsam sein, mehrere Personen zum Testamentsvollstrecker zu benennen.

WICHTIG

Vorher besprechen

Bevor Sie sich für einen Testamentsvollstrecker entscheiden, sollten Sie Ihr Vorhaben mit diesem unbedingt besprechen. Teilen Sie ihm Ihre Absicht mit, dass er sich nach Ihrem Tod um die Abwicklung des Erbes kümmern soll. So können Sie sicher sein, dass diesen Posten auch wirklich eine Person Ihres Vertrauens übernimmt – und nicht nach Ihrem Tod völlig überrascht von Ihrem Ansinnen absagt. Man kann nämlich niemanden dazu zwingen, diese Aufgabe anzunehmen. Ernennen Sie auch unbedingt eine Ersatzperson – man weiß nie!

Kein Vertrag notwendig

Den Testamentsvollstrecker können Sie ganz einfach und unbürokratisch in Ihrem Testament benennen. Bei einem handschriftlichen Testament müssen Sie das ebenfalls handschriftlich tun – es gelten dieselben Formvorschriften. Das Einsetzen eines Vollstreckers ist also ziemlich einfach. Ein besonderer Vertrag mit der ausgewählten Person ist nicht nötig.

So können Sie Ihren Wunsch nach einem Testamentsvollstrecker im Testament formulieren:

BEISPIEL

Fall 1: Zum Testamentsvollstrecker benenne ich meinen alten Freund Frank Schäfer, wohnhaft in Wiesbaden, Breite Straße 3. Er soll nach meinem Tode mein Vermögen unter meinen vier Kindern aufteilen. Frank Schäfer erhält dafür eine Vergütung aus dem Nachlass von 5.000 Euro. Sollte Frank Schäfer sterben, sein Amt niederlegen oder ausschlagen, bestelle ich meinen Anwalt Dr. Helmut Trautmann, Maiglöckchenweg 8, in Aachen als Testamentsvollstrecker. Er soll die gleiche Vergütung bekommen.
Fall 2: Zum Testamentsvollstrecker benenne ich den Notar Dr. Fabian Stein, Reginastraße 8, in Münster. Er hat die Aufgabe, den Erbanspruch meiner Enkelin Anne durchzusetzen und ihr Erbe bis zur Vollendung ihres 18. Lebensjahrs zu verwalten.

Einsetzung durch Dritte

Es ist auch möglich, den Vollstrecker nicht im Testament direkt zu benennen, sondern eine dritte Person mit der Einsetzung zu beauftragen. Wenn Sie im Testament nur regeln, dass Sie nach Ihrem Tod eine Testamentsvollstreckung wünschen, dann setzt das Nachlassgericht eine geeignete Person ein. Das Nachlassgericht wird in der Regel vor der Ernennung sämtliche Beteiligte dazu anhören.

Welche Pflichten hat der Testamentsvollstrecker?

Wer als Testamentsvollstrecker benannt worden ist, muss die Annahme dieses Amtes erst einmal vor dem Nachlassgericht erklären. Das Nachlassgericht erteilt ihm dann ein so genanntes Vollstreckerzeugnis. Das braucht er, um sich gegenüber Institutionen wie Banken, Behörden oder den andere Erben als Testamentsvollstrecker ausweisen zu können.

Die erste Amtshandlung des Testamentsvollstreckers wird es immer sein, ein Inventarverzeichnis zu erstellen. Dazu ist er verpflichtet. Darin listet er das Vermögen des Erblassers auf sowie auch dessen Verbindlichkeiten. Also welche Wertgegenstände vorhanden sind, welche Immobilien, Autos, Aktien, Bargeld, Konten, Lebensversicherungen, Schulden und offene Rechnungen. Damit verschafft er sich und den Erben erst einmal einen Überblick über den Nachlass.

Inventarverzeichnis

Dann muss er dafür sorgen, dass der letzte Wille ausgeführt wird. Er muss also das Erbe verteilen. In der Regel wird er die Erben dazu anhören. Jeder Erbe kann dann seine Wünsche äußern. Möglicherweise hat eines der Kinder schon jahrelang im Geschäft des Erblassers mitgearbeitet und möchte es auf jeden Fall weiterführen. Dann kann der Testamentsvollstrecker einen Teilungsplan erstellen, in dem festgelegt wird, was die anderen bekommen werden, wenn dieses Kind das Geschäft übernimmt. Sind mehrere Kinder zu gleichen Teilen erbberechtigt, muss er darauf achten, dass jedes auch gleich viel bekommt.

Aufteilung der Erbschaft

Wollte der Erblasser, dass das Haus verkauft und der Erlös unter den Kindern aufgeteilt wird, dann muss der Testamentsvollstrecker diese Aufgabe übernehmen. Und zwar nur er – denn die Erben sind im Falle einer Testamentsvollstreckung nicht mehr berechtigt, über das Erbe zu verfügen. Sie dürfen sich auch nicht einfach Möbel aus dem Haus holen oder Schmuck und Geld unter sich aufteilen. Das darf nur der Testamentsvollstrecker. Hat der Testamentsvollstrecker Vermögensgegenstände aber erst einmal an die Erben verteilt, dann ist es mit seiner Entscheidungsbefugnis vorbei – verteilt ist verteilt!

Nur der Testamentsvollstrecker darf jetzt noch verfügen

Der Testamentvollstrecker ist außerdem berechtigt, **Prozesse** betreffend den Nachlass zu führen, falls dies irgendwie erforderlich sein sollte. Das kann etwa dann sein,

Haftung bei Fehlern

wenn ein Kunde des Erblassers meint, nach dessen Tod seine Rechnung nicht mehr bezahlen zu müssen. Außerdem darf der Vollstrecker im Rahmen der Verwaltung des Nachlasses auch **Rechtsgeschäfte** abschließen, also beispielsweise einen Aktienfonds auflösen, dessen Kurs zu fallen droht, oder eine neue Heizung in das vererbte Haus einbauen lassen. Allerdings sollte er sich dabei besser mit den Erben absprechen und deren Einwilligung einholen.

Bei verschuldeten Fehlern, durch die der Nachlass und die Erben geschädigt werden, können die Erben den Testamentsvollstrecker auf **Schadensersatz** in Anspruch nehmen. Investiert der Testamentsvollstrecker beispielsweise in spekulative Aktiengeschäfte, dann muss er für den entstehenden Schaden aufkommen. Denn eine solch riskante Vermögensverwaltung verbietet der Gesetzgeber. Sind die Erben der Meinung, dass der Testamentsvollstrecker unehrlich oder unfähig ist, also seine Pflichten grob verletzt hat, dann können sie beim Nachlassgericht den Antrag stellen, den Testamentsvollstrecker seines Amtes zu entheben. Hat er also grobe Fehlern begangen, kann ihn das Nachlassgericht entlassen.

WICHTIG

Geschützt

An die Gläubiger der Erben darf der Testamentsvollstrecker nichts auszahlen. Wenn also der Gerichtsvollzieher in Erwartung der Erbschaft gerne schon mal die lange säumigen Steuerschulden eines der Erben bezahlt bekommen hätte, dann darf der Testamentvollstrecker dem Gerichtsvollzieher nichts auszahlen. Denn der Nachlass ist im Falle der Testamentsvollstreckung vor dem Zugriff der Gläubiger erst einmal geschützt.

Der Testamentsvollstrecker darf nichts verschenken. So genannte unentgeltliche Verfügungen darf er nur tätigen, wenn sie wirklich notwendig sind. Also etwa wenn der Erblasser dem Altersheim, in dem seine Schwester lebt, jedes Jahr mehrere Präsentkörbe geschickt hat, dann darf das der Testamentsvollstrecker weiterhin tun.

Was kostet der Testamentsvollstrecker?

Honorar aus dem Nachlass

Leider gibt es keine gesetzliche Regelung, die bestimmt, was ein Testamentsvollstrecker für seine Tätigkeit bekommen soll, wie etwa bei Rechtsanwälten, Steuerberatern oder Notaren. Deshalb gibt es immer wieder Streit zwischen Erben und Vollstrecker, was er an Honorar erhalten soll. Der Erblasser sollte deshalb im Testament bestimmen, was der zukünftige Testamentsvollstrecker für sein Amt bekommen soll. Denn seine Arbeit ist eine anspruchsvolle und intensive Aufgabe, die niemand umsonst übernehmen wird. Der Testamentsvollstrecker wird vom Nachlass bezahlt. Das bedeutet, dass sein Honorar das Erbe schmälert. Der Erblasser kann eine Vergütung zwar auch ganz ausschließen, allerdings muss er das ausdrücklich im Testament erwähnen. Bei Banken und Sparkassen, Steuerberatern, Notaren oder Rechtsanwälten läuft man aber sicher Gefahr, dass diese das Amt ablehnen, wenn eine Vergütung generell ausgeschlossen ist.

Angemessene Vergütung

Hat der Erblasser nichts im Testament bestimmt, so sieht das Gesetz vor, dass der Testamentsvollstrecker eine „angemessene" Vergütung aus dem Nachlass bekommt. Was angemessen ist, ist aber leider nirgendwo ausdrücklich geregelt. Allerdings gibt es mehrere verschiedene Tabellen, die nicht verbindlich sind, aber doch zeigen, was Angemessenheit bedeutet. Alle Tabellen gehen davon aus, dass der Testamentsvollstrecker einen prozentualen Anteil am Nachlass bekommen soll, der sich zwischen einem und bis zu zehn Prozent bewegt. Der Anteil wird prozentual immer kleiner, je höher das Vermögen ist.

Die Tabellen haben so klangvolle Namen wie: Rheinische Tabelle, Möhring'sche Tabelle, Eckelskemper'sche Tabelle, Tschischgale Tabelle, Berliner Praxis und Vergütungstabelle des Deutschen Notarvereins. Jede Tabelle hat ihre Vor- und Nachteile, manche sind für die Erben, manche für den Testamentsvollstrecker günstiger.

Orientierungshilfen

Die Sätze, nach denen man sich richten kann, sehen so aus:

Nachlass bis etwa ...	(in Euro)	Honorar (in Prozent)
	Rheinische Tabelle	
10.000		4
50.000		3
500.000		2
darüber	1	
	Möhring'sche Tabelle	
12.500		7,5
25.000		7
50.000		6
100.000		5
200.000		4,5
500.000		4
1.000.000		3
darüber		1
	Eckelskemper'sche Tabelle	
50.000		4
250.000		3
1.250.000		2,5
2.500.000		2
darüber		1

Nachlass bis etwa ...	(in Euro)	Honorar (in Prozent)
	Tschischgale Tabelle	
	Regelfall	Schwierige Fälle
10.000	5	6
50.000	3,75	4
500.000	2,5	3
darüber	1,25	1,5
	Berliner Praxis	
2.500 10.000	10 6	
25.000	4	
50.000	3	
500.000	2,4	
1.000.000	1,2	
darüber	1	
Vergütungsempfehlung des Deutschen Notarvereins		
250.000	4	
500.000	3	
2.500.000	2,5	
5.000.000	2	
darüber	1,5	
	mindestens aber der höchste Betrag der Vorstufe. Beispiel: Muss sich der Testamentsvollstrecker um einen Nachlass im Wert von 260.000 Euro kümmern, beträgt der Grundbetrag nicht 7.800 Euro (= 3 Prozent aus 260.000 Euro), sondern 10.000 Euro (= 4 Prozent aus 250.000 Euro)	

Wer sich also überlegt, einen Testamentsvollstrecker einzusetzen, der findet hier Anhaltspunkte dafür, wie hoch dessen Vergütung sein kann.

Annehmen oder ablehnen?

Sind Sie möglicherweise gerade selbst zum Testamentsvollstrecker ernannt worden? Oder hat Sie jemand gefragt, ob Sie das Amt irgendwann einmal übernehmen können? Finanziell kann das ja ein durchaus reizvoller Job sein. Dennoch sollte man sich gut überlegen, ob man diese Aufgabe wirklich übernehmen will. Denn in der Regel wird man alle Tätigkeiten neben der normalen Arbeitszeit und der Zeit für die Familie erledigen müssen.

Diese Fragen sollten Sie sich stellen!

Bevor man sich entscheidet, das Amt zu übernehmen, sollte man sich Folgendes überlegen:

- Sind meine Kenntnisse ausreichend? Bin ich der Aufgabe gewachsen?
- Habe ich neben Beruf und Familie genügend Zeit?
- Sind Rechnungslegungen, Abrechnungen der gesamten Amtstätigkeit am Ende des Amtes, Aufbewahrung der Unterlagen, Auseinandersetzungen mit den Erben so belastend, dass ich das Amt lieber ablehnen sollte?
- Ist die Vergütungsfrage geregelt?

Ablehnung dem Nachlassgericht mitteilen

Wer das Amt ablehnen will, muss dies gegenüber dem Nachlassgericht erklären. Das ist das Amtsgericht, in dessen Bezirk der Erblasser seinen Wohnsitz hatte.

Die Ablehnung erfolgt ohne besondere Form, zum Beispiel durch einen Brief an das Nachlassgericht. Dabei kann der Ernannte das Amt selbst dann ablehnen, wenn er sich zuvor mündlich bereit erklärt hatte, es anzunehmen. Der Ernannte macht sich durch die Ablehnung auch nicht schadensersatzpflichtig. Anders wäre es nur, wenn er sich zuvor durch einen Vertrag gegenüber dem Erblasser oder den Erben zur Annahme des Amtes verpflichtet hatte.

Nimmt der Auserkorene das Amt an, stellt das Nachlassgericht ein so genanntes „Testamentsvollstrecker-Zeugnis" aus, womit er sich als Testamentsvollstrecker ausweisen kann.

Testamentsvollstreckerzeugnis

KAPITEL 6

Die Erbschafts- und Schenkungssteuer

Wer erbt, muss sich häufig auch mit dem Finanzamt auseinander setzen. Denn auf Erbschaften können Steuern anfallen. Daran hat auch die Erbschaftssteuerreform nichts geändert. Erben dürfen also auch künftig nicht unbedingt damit rechnen, dass sie all das, was sie geerbt haben, auch komplett behalten dürfen. Für den Staat ist die Erbschaftssteuer eine beliebte und lukrative Einnahmequelle – die er sehr genau kontrolliert.

Drei Faktoren bestimmen die Höhe der Steuern

Ob und wie viel Steuer der Erbe zahlen muss, hängt von einigen Faktoren ab:

- vom **Verwandtschaftsverhältnis** zum Erblasser,
- von der **Höhe der Erbschaft**;
- außerdem wird die Erbschaftssteuer erst fällig, wenn gewisse **Freibeträge** überschritten sind.

In welcher Steuerklasse bin ich?

Die Steuerklasse der Erbschaftssteuer hat nichts mit der Lohnsteuerklasse zu tun. Wer zu welcher Steuerklasse gehört, hängt vom Verwandtschaftsgrad ab, den der Erbe zum Erblasser hatte. Nähere Verwandte sind in einer besseren, also günstigeren Steuerklasse als entfernte Verwandte oder auch Freunde.

Steuerklasse I: Zur Steuerklasse I, die prozentual am wenigsten Erbschaftssteuer zu zahlen hat, gehören der Ehegatte des Erblassers, seine Kinder und Stiefkinder, Enkel und Urenkel, sowie seine Eltern und Voreltern (Großeltern usw.).

Steuerklasse II: Zur Erbschaftssteuerklasse II gehören die Geschwister des Erblassers, seine Neffen und Nichten, Stiefeltern, Schwiegerkinder, Schwiegereltern sowie geschiedene Ehegatten. Handelt es sich nicht um einen Erbfall, sondern um eine Schenkung, gehören die Eltern und die Großeltern ebenfalls zu dieser Steuerklasse.

Die Steuerklasse wird vom Verwandtschaftsgrad bestimmt

Steuerklasse III: Zur Steuerklasse III, die am meisten Steuern zahlen muss, gehören alle weiteren Erben, die nicht in die anderen Steuerklassen fallen. Das ist beispielsweise der eingetragene Lebenspartner sowie der nichteheliche Lebenspartner. Wer also seinem Freund oder seiner Freundin etwas vererben will, sollte wissen, dass dieser möglicherweise einen erheblichen Anteil an Steuern zahlen muss.

Die Freibeträge

Erbschaftssteuer müssen die Erben allerdings nur dann bezahlen, wenn der Nachlass höher ist als der persönliche Freibetrag. Von der Erbschaft können die Erben also zunächst einmal die Freibeträge abziehen. Erbschaftssteuer müssen sie dann nur für den Betrag zahlen, der über diese Summe hinausgeht. Wie hoch die Freibeträge im Einzelfall sind, hängt davon ab, in welchem Verwandtschaftsverhältnis Erbe und Erblasser zueinander stehen.

Jeder Erbe hat Freibeträge, für die er keine Steuern zahlen muss

GUT ZU WISSEN

Das Verwandtschaftsverhältnis bestimmt den Freibetrag

Ehegatte: Dieser hat einen Freibetrag von 500.000 Euro.
Kinder und Stiefkinder des Erblassers: je 400.000 Euro
Enkel: 200.000 Euro
Eltern und Großeltern: 100.000 Euro bei Erbschaft, 20.000 Euro bei Schenkungen
Erben der Steuerklasse II haben einen Freibetrag von 20.000 Euro.
Erben der Steuerklasse III haben ebenfalls nur 20.000 Euro Freibetrag. Ausnahme: der eigetragene Lebenspartner hat einen Freibetrag von 500.000 Euro.

Die Höhe der Erbschaft und Erbschaftssteuersätze

Die Erbschaftssteuer bestimmt sich schließlich danach, wie hoch die Erbschaft ist. In der folgenden Tabelle kann man nachlesen, wie viel Steuer anfällt. Die Steuern werden prozentual berechnet und sind gestaffelt. Das bedeutet, je höher die Erbschaft, desto höher ist auch der prozentuale Anteil der Erbschaftssteuer.

Wichtig: Nach massiver öffentlicher Kritik werden die Angehörigen der Steuerklasse II seit 2010 entlastet. Sie müssen einen geringeren Erbschaftssteuersatz zahlen als bislang. Bei allen anderen Erben haben sich die Steuersätze nicht geändert.

Um die Tabelle richtig zu lesen, müssen Sie wissen, zu welcher Steuerklasse Sie gehören.

	Erbschaftssteuersätze (in Prozent)		
Zu versteuernder Nachlass (in Euro)	Steuerklasse I	Steuerklasse II	Steuerklasse III
bis 75.000	7	15	30
300.000	11	20	30
600.000	15	25	30
6 Mio	19	30	30
13 Mio	23	35	50
26 Mio	27	40	50
über 26 Mio	30	43	50

BEISPIEL

Fall 1: Gerda Frey hinterlässt ihrer Enkelin Susanne Frey 250.000 Euro in bar. Um herauszufinden, wie viel Erbschaftssteuer sie bezahlen muss, schaut Susanne erst einmal nach, zu welcher Steuerklasse sie gehört. Als Enkeltochter gehört sie der günstigen Steuerklasse I an.
Danach sieht sie nach, welche Freibeträge ihr zustehen. Sie hat einen Freibetrag von 200.000 Euro. Sie muss also nur für den über den Freibetrag hinausgehenden Betrag Steuern bezahlen.
250.000 Euro – 200.000 Euro (Freibetrag) = 50.000 Euro (zu versteuernde Summe)

Susanne muss für 50.000 Euro Erbschaftssteuer bezahlen. Wie viel das ist, kann sie in der Tabelle nachlesen: Für 50.000 Euro muss sie in der Steuerklasse I 7 Prozent Erbschaftssteuer zahlen. Das macht 3.500 Euro Erbschaftssteuer.

BEISPIEL

Fall 2: Die Großmutter aus dem Beispiel 1 hinterlässt ihrer Nachbarin Erna ebenfalls stattliche 250.000 Euro.
Als Nichtverwandte gehört Erna zur Steuerklasse III. Ihr Freibetrag beträgt nur 20.000 Euro.
250.000 Euro – 20.000 Euro (Freibetrag) = 230.000 Euro (zu versteuernde Summe)

Erna muss also 230.000 Euro versteuern. Laut Tabelle fällt für diesen Betrag in der Steuerklasse III ein Steuersatz von 30 Prozent an. Das ergibt 69.000 Euro Erbschaftssteuer.
Dieses Beispiel verdeutlicht, wie die Faktoren Steuerklasse, Freibeträge und Höhe der Erbschaft die Höhe der Erbschaftssteuern beeinflussen.

Besteuerung von Immobilien

Bei der Besteuerung von Eigenheimen kommt es nach der Erbschaftssteuerreform auf die Erben an. Die Immobilie ist steuerfrei, und zwar unabhängig vom Wert und der Größe, wenn der Ehepartner oder der eingetragene Lebens-partner darin leben. Aber: Der Partner muss ganze zehn Jahre darin wohnen bleiben. Verkauft oder vermietet er die Immobilie innerhalb dieser Zeit, muss er doch noch Steuern an den Fiskus berappen. Ihn schützen dann nur noch die üblichen Freibeträge.

Auch Kinder können eine Immobilie steuerfrei erben, wenn sie dort einziehen, und zwar ebenfalls mindestens zehn Jahre lang. Allerdings gibt es da Einschränkungen: Die Wohnfläche darf nicht mehr als 200 qm betragen. Ist die Immobilie größer, sind nur 200 qm steuerfrei. Die Fläche, die darüber hinausgeht, wird besteuert.

BEISPIEL

Flächenberechnung
Ein 250 qm großes Haus ist eine Million Euro wert. Das Finanzamt setzt somit für 50 qm 200.000 Euro an. Dem Kind stehen jedoch 400.000 Euro Freibetrag zu. In diesem Fall muss es keine Steuern zahlen, auch wenn die Immobilie 250 qm umfasst.
Erben nicht der Ehegatte oder die Kinder, sondern andere Verwandte, wie etwa Geschwister, Eltern, Nichten und Neffen, wird das Eigenheim zu seinem Verkaufswert unter Berücksichtigung der Freibeträge besteuert. Gleiches gilt natürlich auch, wenn Freunde oder Bekannte erben.
Vermietete Immobilien hingegen werden mit einem Abschlag von 90 Prozent ihres Marktwerts besteuert. Der Fiskus zieht somit 10 Prozent des tatsächlichen Werts ab, und zwar unabhängig davon, wer erbt.
Das Finanzamt legt mittels der Grundvermögensbewertungsverordnung fest, wie hoch der tatsächliche Marktpreis einer Immobilie ist. Erben, die sich benachteiligt fühlen, können ein Gutachten anfertigen lassen, das die Finanzamtsrechnung womöglich widerlegt. Die Kosten dafür belaufen sich auf etwa 1.500 Euro.

Das Berliner Testament aus steuerlicher Sicht

Viele Eheleute machen ein Berliner Testament. Das bedeutet, dass die Eheleute sich gegenseitig zu Alleinerben einsetzen und die Kinder erst dann erben, wenn beide Elternteile verstorben sind. Das hat den Zweck, dass der Ehegatte sein Erbe nicht gleich mit seinen Kindern teilen muss, wenn der Partner stirbt. Denn das könnte ihn schnell in arge finanzielle Bedrängnis stürzen und die auf ein gemeinsames Altwerden ausgerichtete Altersversorgung zum Einstürzen bringen. Im Grunde genommen ist ein solches Testament die einzige legale Möglichkeit, die eigentlich pflichtteilsberechtigten Kinder zunächst von der Erbfolge auszuschließen. Lesen Sie dazu auch im Kapitel „Das Testament“ den Abschnitt „Das Berliner Testament“.

Ein Berliner Testament ist steuerlich oft ungünstig

So beliebt das Berliner Testament auch sein mag – aus steuerlicher Sicht kann es ganz schön ungünstig werden. Das Problem ist nämlich, dass es zwei Erbfälle gibt: den ersten beim Übergang des Vermögens auf den überlebenden Ehegatten, den zweiten, wenn die Kinder von dem Zuletztversterbenden erben. Beide Male bekommt das Finanzamt etwas ab, wenn die Steuerfreibeträge überschritten werden.

TIPP

Den Kindern Steuern sparen

Bei größeren Vermögen kann es sich lohnen, wenn man die Kinder nach dem Tod des Erstversterbenden sofort zu Erben macht. Denn die Kinder können dann bereits beim ersten Todesfall ihre Freibeträge ausnutzen und beim Tod des anderen Elternteils noch einmal.

Die meisten Eheleute scheuen diese Möglichkeit, weil das eigene Erbe ja dann um den Anteil der Kinder geschmälert wird. Wenn man die Sache aber richtig angeht, kann man den Kindern eine Menge Steuern sparen und trotzdem abgesichert sein.

Jedenfalls dann, wenn die Freibeträge überschritten werden, sollten Sie sich überlegen, ob Sie nicht eine andere Variante wählen sollen, um Ihren Nachlass zu regeln. Dazu haben Sie folgende Möglichkeiten:

Die Kinder sofort zu Erben machen!

1. Sie können Ihre Kinder testamentarisch sofort zu Erben einsetzen. Dann können sowohl die Kinder als auch der Ehepartner ihre Freibeträge ausnutzen. Der überlebende Ehegatte sollte aber unbedingt abgesichert werden. Sie können ihm zum Beispiel ein lebenslanges Wohnrecht am gemeinsamen Haus einräumen. Das Wohnrecht wird ins Grundbuch eingetragen, gilt lebenslänglich und auch dann noch, wenn die Kinder das Haus einmal verkaufen sollten.

2. Eine andere Form könnte ein Vermächtnis zugunsten Ihres Ehegatten und damit eine Geldforderung gegen den oder die Erben sein. Ihr Kind als Erbe muss dann eine einmalige Auszahlung oder eine Ratenzahlung an den überlebenden Ehegatten leisten, um dessen Versorgung zu gewährleisten. Das hat außerdem den Vorteil, dass der Nachlasswert um die Höhe des Vermächtnisses gemindert und so der Betrag der Erbschaftssteuer geschmälert wird.

3. Sie haben aber auch die Möglichkeit, Ihr Vermögen schon zu Lebzeiten an Ihre Kinder zu verschenken. Zwar wird hier die Schenkungssteuer fällig, bei der Steuersätze und Freibeträge gleich hoch sind wie bei der Erbschaftssteuer. Allerdings können die Freibeträge alle zehn Jahre neu genutzt werden. In Höhe von 400.000 Euro können Sie so Ihrem Kind alle zehn Jahre Vermögenswerte schenken – und zwar schenkungssteuerfrei. Sind zwischen der letzten Schenkung und Ihrem Tod zehn Jahre vergangen, kann Ihr Kind noch mal denselben Betrag in Anspruch nehmen.

Verschenken zu Lebzeiten

TIPP

Fachmännischer Rat

Weil das Berliner Testament aus steuerlichen Gesichtspunkten für größere Vermögen nicht immer uneingeschränkt ratsam ist, sollten Sie zumindest bei komplexeren Erbangelegenheiten den Rat eines Anwalts, Notars oder Steuerberaters einholen.

Vorerbe – Nacherbe: Welcher Steuersatz gilt?

Viele Erblasser wollen, dass das Erbe auch nach dem Tod des Erben einen ganz bestimmten Weg nimmt. So setzen viele Ehepaare, die zum zweiten Mal verheiratet sind, ihren Ehepartner als Vorerben und die leiblichen Kinder als Nacherben ein. Damit soll das Geld in der Familie bleiben und nicht in die Familie des Erben verstreut werden.

Erbrecht und Steuerrecht behandeln Nacherben unterschiedlich

Hier stellt sich die Frage: Wie wird der Nacherbe steuerrechtlich behandelt?

Im Erbrecht gilt der Nacherbe als Erbe des ursprünglichen Erblassers. Das ist derjenige, von dem das Geld ursprünglich stammt und der im Testament die Vor- und Nacherbschaft angeordnet hat.

BEISPIEL

Freibetrag

Sven Petersen hinterlässt seiner Lebensgefährtin 120.000 Euro als Vorerbin. Als Nacherben setzt er seinen Sohn Knut ein, weil er möchte, dass sein Geld in der Familie bleibt und die Kinder seiner Lebensgefährtin davon nichts bekommen.
Beim Tod der Lebensgefährtin sind davon noch 100.000 Euro übrig, die Knut jetzt bekommen soll. Erbschaftssteuerrechtlich ist er Erbe der Lebensgefährtin seines Vaters und wird daher so behandelt wie eine fremde Person. Er gehört damit zur höchsten Steuerklasse III, hat nur einen Freibetrag von 20.000 Euro und muss für den Restbetrag von 80.000 Euro 30 Prozent, also 24.000 Euro Steuern zahlen. Und das, obwohl das Geld ja ursprünglich von seinem Vater war.
Knut kann jetzt beantragen, steuerrechtlich im Verhältnis zum ursprünglichen Erblasser veranlagt zu werden. Und das kann sich lohnen! Als Erbe seines Vaters hat er nämlich einen Freibetrag von immerhin 400.000 Euro und muss dann gar keine Steuern mehr zahlen.

Im Steuerrecht sieht die Sache aber anders aus. Da ist der Nacherbe Erbe des Vorerben. In vielen Fällen steht der Nacherbe aber familiär wesentlich enger zum Erblasser als zum Vorerben. Und das macht sich in der Höhe der Steuer bemerkbar. In manchen Fällen können die Nacherben aber beantragen, im Verhältnis zum Erblasser besteuert zu werden.

Zu Lebzeiten Vermögen übertragen

Mit Geschenken Steuern sparen

Wer weiß, dass seine Erben mit hohen Erbschaftssteuern rechnen müssen, macht sich oft Gedanken darüber, wie sich das vermeiden lässt. Schließlich soll das Geld auf jeden Fall in der Familie bleiben und nicht dem Finanzamt „geschenkt" werden. Es gibt durchaus legale und legitime Möglichkeiten, Erbschaftssteuern zu sparen. Weil bei größeren Erbschaftsvermögen die Freibeträge oftmals weit überschritten sind, können Geschenke zu Lebzeiten hilfreich sein, später den Fiskus nicht oder zumindest nur im geringeren Maße mitverdienen zu lassen. Denn wer beispielsweise seinen Kindern etwas schenkt, reduziert den Wert der späteren Erbschaft und erspart ihnen die Zahlung von Erbschaftssteuern. Zwar hält der Fiskus auch bei Schenkungen die Hand auf und es gelten dieselben Grundsätze wie bei der Erbschaftssteuer. Entscheidend ist aber, dass bei Schenkungen die Steuerfreibeträge jeweils nach Ablauf von zehn Jahren erneut in Anspruch genommen werden können. Wer also ausreichend früh Teile seines Vermögens überträgt, hilft den Nachkommen im Erbfall Steuern zu sparen. Denn im Prinzip kann man alle zehn Jahre Vermögen in Höhe der Freibeträge verschenken, ohne dass auch nur ein Euro Steuern fließt. Nach Ablauf von zehn Jahren gibt es auch für den Todesfall noch einmal dieselben Freibeträge.

Freibeträge alle zehn Jahre nutzen!

Gibt es mehrere Erben, kann der künftige Erblasser die Zuwendungen zu Lebzeiten auch schon auf mehrere Familienmitglieder übertragen. So kann der Ehemann beispielsweise seinem Sohn innerhalb von zehn Jahren Vermögenswerte in Höhe 400.000 Euro steuerfrei übertragen. Gleichzeitig kann er auch noch seiner Tochter steuerfrei Zuwendungen im Wert von 400.000 Euro zukommen lassen.

BEISPIEL

Fall 1: Ein Vater möchte seiner Tochter 700.000 Euro hinterlassen. Die Tochter hat aber nur einen Freibetrag von 400.000 Euro. Würde der Vater ihr das Geld auf einen Schlag schenken oder vererben, müsste die Tochter für die restlichen 300.000 Euro Schenkungs- bzw. Erbschaftssteuer zahlen. Schenkt der Vater ihr aber nur 400.000 Euro auf einen Schlag, muss sie zunächst keine Schenkungssteuer zahlen, da die Summer nicht über ihren Freibetrag hinausgeht. Zehn Jahre später kann er ihr erneut 300.000 Euro schenken, ohne dass auch nur ein Cent an Schenkungssteuer anfällt. Gleiches würde auch gelten, wenn der Vater nach Ablauf von zehn Jahren ihr das weitere Geld nicht schenken, sondern vererben würde. Auch hier müsste die Tochter keine Erbschaftssteuer zahlen.

Fall 2: Der Ehemann ist sehr vermögend und auch als alleiniger Eigentümer des Wohnhauses im Grundbuch eingetragen. Er schenkt seiner Ehefrau das Haus und lässt sie als Eigentümerin eintragen. Der für die Schenkungssteuer berechnete Wert des Hauses liegt bei 495.000 Euro. Da die Ehefrau einen Freibetrag von 500.000 Euro hat, fallen keine Schenkungssteuern an. Stirbt der Mann elf Jahre später, wird der Wert des Hauses nicht mehr hinzugezogen. Es gehört nicht zur Erbmasse.

Vorsicht vor schnellen Geschenken

Nicht zu viel verschenken!

Bei aller Euphorie für das Einsparen von Steuern sollten Sie aber auf keinen Fall vorschnell handeln. Sie sollten immer bedenken, dass Sie Geschenke in der Regel nicht mehr zurückfordern können. Nur zu oft kommt es im Laufe der Zeit zwischen Schenker und Beschenktem zu Konflikten. Der eine empfindet Undank, und der andere fühlt sich unter Umständen gemaßregelt, wie er mit dem vorweggenommenen Erbe umzugehen hat. Wenn Sie Ihren Kindern nicht mehr als die Hälfte des Vermögens übertragen, können Sie derartigen Konflikten unter Umständen vorbeugen. Eine weitere Möglichkeit besteht darin, dass sich der Schenker Rückforderungsrechte vorbehält.

Rückforderungsrecht vereinbaren

Wollen Sie als Erbe Ihren Einfluss auf eine Immobilie, ein Depot oder auch ein Unternehmen nicht verlieren, können Sie dies mit dem Beschenkten vereinbaren. Bei einer Immobilie können Sie sich beispielsweise ein Wohnrecht sichern. Dass Ihnen weiterhin die Erträge aus dem Vermögen zufließen, erreichen Sie, indem Sie einen so genannten Nießbrauch vereinbaren.

Bevor man Vermögen voreilig verschenkt, sollte man auch bedenken, dass unter Umständen die Rechnung am Ende nicht aufgeht: Stirbt der Beschenkte vor dem Schenker, fällt das Vermögen wieder an diesen zurück und muss versteuert werden.

TIPP

Steuerrechtliche Beratung

In der Regel lohnen sich Verfügungen zu Lebzeiten bei großen Vermögenswerten. In jedem Fall sollten Sie sich vor einer Schenkung von einem Fachmann steuerrechtlich beraten lassen. Er kann Ihnen auch sagen, wie Sie sich vor einer Schenkung richtig absichern.

KAPITEL 7

Nichteheliche Lebensgemeinschaften

Viele Menschen leben jahrelang wie Ehepaare zusammen und sind dennoch nicht verheiratet. Die Begründung, durch den Trauschein ändere sich ja doch nichts, mag zwar für die Beziehung an sich gelten. Doch durch den Trauschein ändert sich eine Sache ganz gewaltig: Der Ehepartner wird dadurch zum gesetzlichen Erben. Stirbt einer von beiden, erbt der andere automatisch – und das auch ohne Testament. Nichtverheiratete Partner gehen dagegen vollkommen leer aus, wenn sie testamentarisch nicht bedacht werden.

Ohne Testament erbt der Partner nichts!

Auch wenn man jahrelang zusammen war, Kinder bekommen hat, ein gemeinsames Haus gebaut oder zusammen Vermögenswerte angeschafft hat: Wenn einer stirbt, wird der andere vom Gesetzgeber so behandelt, als ob er ein Fremder wäre. Das heißt, dass der Überlebende nichts erbt. Im Ernstfall bedeutet das: Die Haushälfte des verstorbenen Partners gehört nach seinem Tod dessen Kindern, Eltern oder seinem Bruder – je nachdem, wer gesetzlicher Erbe geworden ist. Man teilt sich dann also das Haus, in dem man jahrelang mit dem Partner gewohnt hat, plötzlich mit ganz anderen Menschen.

Unverheiratete Paare sollten daher unbedingt vorsorgen, wenn sie den anderen absichern möchten. So können die Partner dem anderen etwa die Haushälfte vermachen oder ein lebenslanges Wohnrecht im Haus einräumen. Bei einem Vermächtnis wird der Partner nicht Erbe, tritt also nicht in die Fußstapfen des Erblassers und wird auch nicht

Mitglied der Erbengemeinschaft. Der Partner hat dann einen Anspruch auf Herausgabe des vermachten Gegenstandes gegen die Erben. Das bietet sich immer dann an, wenn Beziehungen noch sehr frisch sind und der zukünftige Erblasser weiterhin will, dass seine Eltern oder die Kinder Erben sind. Wer dann der Freundin oder dem Freund sein Pferd oder sein Motorrad hinterlassen will, der sollte das besser in Form eines Vermächtnisses machen.

Vermächtnis

VORSICHT

Erbvertrag

Laut Gesetz können unverheiratete Paare kein gemeinschaftliches Testament machen. Diese Möglichkeit ist allein Eheleuten vorbehalten. Deshalb sollte jeder unverheiratete Partner ein eigenes Testament aufsetzen, in dem er den anderen in dem Umfang zum Erben einsetzt, wie er es für sinnvoll hält. Wer Regelungen treffen möchte, die beide Partner berechtigt und auch verpflichtet, sollte über einen Erbvertrag nachdenken.

Erbvertrag oder Testament?

Ob Sie als unverheiratetes Paar zwei Testamente oder lieber einen Erbvertrag machen, hängt ganz von Ihren persönlichen Lebensumständen ab. Der Vorteil des Erbvertrags ist, dass er wie ein gemeinschaftliches Testament beide bindet und der andere ihn nicht aus einer Laune heraus rückgängig machen kann. Das Testament kann dagegen jederzeit vernichtet werden und verliert damit seine Gültigkeit. Wenn dann ein Lebenspartner in einer Midlife-Crisis steckt und wegen einer jüngeren Geliebten das Testament zerreißt, dann steht eventuell die jahrelange Freundin und Mutter seiner Kinder mit komplett leeren Händen da.

Die Bindungswirkung eines Erbvertrags kann für viele Paare deshalb wichtig sein, weil sie ohne Sicherheit eine zu schwache Position hätten.

BEISPIEL

Erbvertrag

Claudia und Stefan leben ohne Trauschein zusammen. Als Claudia schwanger wird, entschließt sie sich, ihren Job erst einmal aufzugeben, um sich in Zukunft der Kindererziehung zu widmen. Stefan arbeitet weiter und kommt finanziell für die Familie auf. Als die Wohnung dann nach der Geburt des zweiten Kindes langsam zu klein wird, beschließen sie, ein Haus zu kaufen.

Wegen der familiären Situation macht sich Claudia allerdings Sorgen. Würde Stefan sterben, dann würden die Kinder alles erben. Sie stünde ohne Vermögen da. Sie möchte abgesichert sein, weil sie ja schließlich durch die Kindererziehung ebenfalls einen Beitrag zum Vermögen ihres Mannes geleistet hat. Sie schließen deshalb einen Erbvertrag. Claudia verpflichtet sich, auch weiterhin die Versorgung der Kinder zu gewährleisten. Stefan setzt Claudia im Falle seines Todes zur Miterbin seines gesamten Vermögens neben seinen Kindern ein.

Der Erbvertrag bindet!

Das Problem des Erbvertrags ist aber, dass die Bindungswirkung in manchen Fällen gar nicht so wünschenswert ist. Wenn beide die Auflösung des Vertrags wollen, weil jeder einen neuen Partner hat, dann ist die Sache noch unproblematisch: einfach zum Notar gehen und den Vertrag in gegenseitigem Einverständnis auflösen. Doch was ist, wenn sich die Situation so verändert, dass der eine nur noch Nachteile aus dem Vertrag hat, der andere ihn aber wegen der offensichtlichen Vorteile nicht auflösen will?

Bei nicht verheirateten Paaren erlischt der Vertrag nämlich nicht automatisch mit der Trennung. Die Bindungswirkung bleibt auch anschließend bestehen. Sinnvoll ist es daher, sich bei einem Vertrag Rücktrittsrechte einzuräumen.

BEISPIEL

Rücktrittsrecht
Claudia lernt einen anderen Mann kennen. Sie hat sich hoffnungslos verliebt und zieht mit den gemeinsamen Kindern bei Stefan aus und mit dem neuen Mann zusammen. Schließlich heiraten sie auch noch. Claudia erfüllt weiterhin ihren Teil des Erbvertrags – sie kümmert sich um die gemeinsamen Kinder. Aber Stefan hat auch schon wieder eine neue Freundin und will auf keinen Fall, dass Claudia etwas erbt. In diesem Fall wäre es sinnvoll gewesen, wenn Stefan im Vertrag ein Rücktrittsrecht vereinbart hätte für den Fall, dass Claudia die Beziehung beendet und sich anderweitig orientiert.

Erbvertrag nur vor Notar gültig!

Wegen der starken Bindungswirkung ist es notwendig, den Erbvertrag von einem Notar errichten zu lassen. Erbverträge, die nicht vom Notar errichtet werden, sind ungültig. Näheres zum Thema Erbvertrag lesen Sie bitte im Kapitel „Der Erbvertrag“.

Wenn Kinder miterben sollen

Bei nichtehelichen Lebensgemeinschaften wird es immer dann kompliziert, wenn einer oder beide Partner noch Kinder aus vorangegangenen Beziehungen haben. Im Übrigen ist das bei verheirateten Partnern oft auch nicht anders.

Eigene Kinder werden benachteiligt!

Wer sich durch Erbvertrag oder zwei Testamente gegenseitig zu Erben einsetzt, benachteiligt möglicherweise die Kinder aus der ersten Beziehung gegenüber denen des Partners.

Wenn man im Erbvertrag also einfach nur vereinbart, dass man sich gegenseitig zu Erben einsetzt, dann werden immer die Kinder des zuerst Versterbenden benachteiligt

TIPP

Kein Pflichtteilsanspruch

Elke und Andy leben ohne Trauschein zusammen. Beide haben jeweils eine Tochter aus früheren Beziehungen. Per Erbvertrag haben Elke und Andy sich gegenseitig zu Alleinerben eingesetzt. Elke stirbt und hinterlässt ein Vermögen von 200.000 Euro. Wegen des Erbvertrages ist Andy Alleinerbe. Laut Gesetz hat Elkes Tochter aber einen Anspruch auf den Pflichtteil. Der beträgt bei dieser Familienkonstellation die Hälfte des Erbes, also 100.000 Euro. Stirbt jetzt Andy, dann ist seine Tochter Alleinerbin. Das bedeutet, dass sie auch die restlichen 100.000 Euro erbt, die Elke an Andy vererbt hatte. Elkes Tochter sieht davon allerdings nichts. Sie ist nämlich nicht mit Andy verwandt. Deshalb hat sie auch keinen eigenen Pflichtteilsanspruch.

sein. Das kann aber für die Kinder von entscheidender finanzieller Bedeutung sein.

Wenn Sie nicht wollen, dass Ihre eigenen Kinder gegenüber denen des Partners benachteiligt werden, können Sie im Testament eine zusätzliche Regelung treffen.

TIPP

Vorerben und Nacherben

Damit Ihr Kind auf alle Fälle auch nach dem Tode des Partners Ihr Geld erbt, sollten Sie Ihren Partner zum Vorerben und Ihr Kind zum Nacherben einsetzen. Damit ist gewährleistet, dass das Kind Ihres Partners von Ihrem Geld nichts erbt, wenn Sie das nicht wollen. Gleichzeitig können Sie mit dieser Konstruktion sicherstellen, dass sowohl Ihr Partner als auch Ihr Kind Ihr Vermögen erben. Lesen Sie dazu auch im Kapitel 2 „Das Testament" den Abschnitt „Vorerbe – Nacherbe: Wann ist das sinnvoll?"

Wer will, dass das Kind des Partners auch etwas bekommt, muss das in diesem Fall ausdrücklich ins Testament oder den Erbvertrag schreiben. Das Kind kann dann erben oder ein Vermächtnis bekommen. Ein Vermächtnis hat den Vorteil, dass das Kind nicht zur Erbengemeinschaft mit dem eigenen Kind gehört und so auch nicht bei allen Erbschaftsangelegenheiten mitreden darf.

Soll das Kind des Partners auch erben?

Steuerliche Probleme

Wer als nicht verheiratetes Paar zusammenlebt, sollte auch beachten, dass der Überlebende im Todesfall eventuell hohe Erbschaftssteuer zu zahlen hat. Das kommt daher, dass der nichteheliche Lebenspartner sowohl erb- als auch steuerrechtlich als „Fremder" behandelt wird.

Nicht-verheiratete haben steuerliche Nachteile

Die Folge:

- **Geringerer Freibetrag als Eheleute!** Während Eheleute einen Freibetrag von 500.000 Euro geltend machen können, steht Fremden, also auch nichtehelichen Lebenspartnern, nur ein Freibetrag von 20.000 Euro zu. Alles, was über 20.000 Euro liegt, muss versteuert werden.

Geringere Freibeträge

- **Höhere Steuersätze als Eheleute!** Während Eheleute in Steuerklasse I je nach Umfang des Erbes nur zwischen sieben und 30 Prozent Erbschaftssteuer zahlen, müssen nicht-eheliche Lebenspartner in Steuerklasse III zwischen 30 und 50 Prozent Erbschaftssteuer berappen. (Siehe dazu die Steuertabelle auf Seite 88.)

Höhere Steuersätze

BEISPIEL

Rechenbeispiel: Andy und Elke sind nicht verheiratet. Im Testament setzt Andy Elke zur Alleinerbin ein. Als er stirbt, hinterlässt er ein Vermögen von 600.000 Euro. Von dem Geld kann Elke einen Freibetrag von 20.000 Euro abziehen. Bleiben 580.000 Euro übrig. Die muss sie in der schlechten Steuerklasse III mit 30 Prozent versteuern. Das ergibt eine Erbschaftssteuer von stolzen 174.000 Euro.
Gegenbeispiel: Elke und Andy sind verheiratet, und sie ist seine Alleinerbin. Er hinterlässt 600.000 Euro. Davon kann sie als Ehefrau 500.000 Euro als Freibetrag abziehen. 100.000 Euro muss sie also versteuern. In der günstigen Steuerklasse I muss sie dafür nur 11 Prozent Erbschaftssteuer zahlen. Das sind 11.000 Euro.

Heirat kann sich steuerlich lohnen

Aus erbrechtlichen und aus finanziellen Gründen kann es sich also durchaus lohnen, zu heiraten. Manche tun das sogar auf dem Sterbebett, um dem Partner Steuern zu ersparen. Ob dieser Grund ausreichend ist, um (auch schon früher) sein Jawort zu geben, muss natürlich jeder für sich entscheiden.

KAPITEL 8

Erbengemeinschaften – Vorsicht, explosiv!

Erbengemeinschaften bieten Stoff für Fernsehdramen: Kaum hat der Erblasser sein Hab und Gut hinterlassen, fängt der Streit oft auch schon an. Die einen wollen das geerbte Haus modernisieren, um mehr Miete zu erwirtschaften, die anderen scheuen große Investitionen, die dritten wollen selbst darin wohnen und wieder andere sind am Verkauf interessiert.

Wie entsteht eine Erbengemeinschaft?

Eine Erbengemeinschaft entsteht automatisch

In den allermeisten Fällen hinterlässt der Verstorbene nicht nur einen einzigen Erben, sondern gleich mehrere, wie etwa seine Ehefrau und seine Kinder. Alle zusammen gehören dann automatisch zu einer Erbengemeinschaft. Nur wer das Erbe ausschlägt, ist kein Mitglied der Erbengemeinschaft. Zu den Möglichkeiten, das Erbe auszuschlagen, lesen Sie mehr im Kapitel 10.

ACHTUNG

Keine Erbengemeinschaft
Es liegt keine Erbengemeinschaft vor, wenn jemand alleiniger Erbe geworden ist und der Erblasser weiteren Personen einzelne Vermögensgegenstände zugesprochen hat, so genannte Vermächtnisse. Vermächtnisnehmer können nie einer Erbengemeinschaft angehören.

Die Erbengemeinschaft tritt in die Fußstapfen des Erblassers

Die Erbengemeinschaft muss den Nachlass nach dem Tod des Erblassers verwalten und dann auseinander setzen – und das auch noch gemeinschaftlich. Sie muss Schulden von anderen eintreiben, offene Rechnungen des Erblassers begleichen, sich um seine Kredite kümmern, darum, die Nebenkostenabrechnung seiner Wohnung zu machen, seine Versicherungen zu kündigen – schlicht um alles. Am Ende soll sich die Gesellschaft dann möglichst auflösen und jeder seinen Teil erhalten. Doch tatsächlich bestehen Erbengemeinschaften oft über Jahre, weil sie sich nicht einigen können, wie das Erbe auseinander gesetzt werden soll. Mit dran schuld sind häufig aber auch die Verstorbenen, die keine klaren Anweisungen gegeben haben. Aber auch dann, wenn größere Wohnanlagen, Gewerbeimmobilien oder Firmen geerbt werden, bleiben Erbengemeinschaften oft dauerhaft bestehen. Hier geht es häufig darum, das Objekt zu erhalten und die Einnahmen daraus zu erlangen.

Konsens gefragt: gemeinsame Verwaltung des Vermögens

Alle Entscheidungen müssen gemeinsam getroffen werden

Weil der Nachlass allen Miterben zusammen gehört, müssen diese auch alle Entscheidungen gemeinschaftlich treffen. Nur wenn eine Notsituation eintritt, kann auch ein Erbe allein handeln. Dringt etwa plötzlich Hochwasser in den Keller eines geerbten Hauses ein, kann der einzelne Erbe nicht erst abwarten, bis alle Miterben zustimmen, dass jemand mit dem Abpumpen beauftragt wird. In solchen Fällen darf er auch allein für Abhilfe sorgen. Er muss dies sogar, sobald er von der Notsituation erfährt. Sonst können die anderen Erben Schadensersatz von ihm fordern.

Mehrheitsbeschluss

Können sich die Erben bei einer Frage nicht einigen, die die **regelmäßige Verwaltung** betrifft, reicht es, wenn die Mehrheit der Erben eine Maßnahme beschließt. Auch hier stellt sich aber wieder die Frage, was unter regelmäßiger Verwaltung überhaupt zu verstehen ist. In der Regel kann man sagen, dass dies Maßnahmen sind, die bei laufender Verwaltung des Nachlasses diesen nicht wesentlich mindern. Gehört zum Nachlass etwa auch ein Fahrradverleih, können zwei von drei Erben die Fahrräder täglich vermieten.

Einstimmigkeit bei besonderen Entscheidungen

Sollen dagegen Entscheidungen von größerer Tragweite getroffen werden, müssen alle Mitglieder der Erbengemeinschaft zustimmen. Eine solche **besondere Verwaltungsmaßnahme**, die Einstimmigkeit erfordert, liegt dann vor, wenn sie eine wesentliche Veränderung des Nachlassgegenstands zur Folge hat. Das ist zum Beispiel dann der Fall, wenn eine umfassende Modernisierung eines Mietobjekts ansteht. Verweigert ein Miterbe seine Mitwirkung, können die anderen diese notfalls auf dem Klageweg erzwingen.

TIPP

Vollmacht

Sie ersparen sich viel Aufwand, wenn Sie die laufende Verwaltung einem Erben übertragen. In einer Vollmacht sollte der Aufgabenkreis möglichst genau festgehalten werden. Es sollte insbesondere geregelt sein, dass Überweisungen für die Erbengemeinschaft von deren Konto getätigt werden können. Ansonsten müssten alle Erben jeden Überweisungsträger unterschreiben. Sind Sie als Miterbe mit dem Verwalter nicht mehr einverstanden, können Sie jederzeit verlangen, dass er abberufen wird.

Jeder Erbe hat so viel Stimmengewicht, wie seinem Anteil am Erbe entspricht.

BEISPIEL

Nicht jede Stimme zählt gleich viel

Brittas Mann ist vor kurzem gestorben. Er hat ihr die Hälfte seines Vermögens hinterlassen. Die beiden Kinder teilen sich die andere Hälfte, jedes bekommt also ein Viertel. In diesem Fall ist es nicht so, dass jede Stimme gleich viel zählt. Die Kinder können also die Mutter nicht einfach 2:1 überstimmen. Vielmehr hat Brittas Stimme doppelt so viel Gewicht (½) wie die Stimme eines Kindes (¼), weil sie auch doppelt so viel geerbt hat.

Bei Zweifel besser Testamentsvollstrecker

Wollen Sie als Erblasser nicht, dass Ihre Nachkommen die Verwaltung übernehmen, können Sie dies in Ihrem Testament so festlegen. Sie müssen dann die Testamentsvollstreckung anordnen. Ein von Ihnen oder dem Gericht eingesetzter Testamentsvollstrecker wird dann diese Aufgaben übernehmen.

Die Verwaltung des Nachlasses kostet natürlich auch Geld. So können Erhaltungsmaßnahmen oder Anschaffungen für ein Haus notwendig werden, genauso müssen Büromaterial, Porto oder Fahrtkosten bezahlt werden. Derjenige, der die Ausgaben hat, kann sich das Geld von der Erbengemeinschaft zurückzahlen lassen. Das Geld dafür wird aus dem Nachlass genommen. Aber es haftet auch jeder Miterbe mit seinem eigenen Vermögen. Mehr zu der Haftung der Erben lesen Sie im Kapitel „Die Erbschaft annehmen – oder besser ausschlagen?“

Welcher Erbe handelt für die Gemeinschaft?

Die Miterben müssen immer gemeinsam handeln, also etwa auch Forderungen gemeinschaftlich eintreiben. Das bedeutet aber nicht, dass alle Miterben zur gleichen Zeit am gleichen Ort zusammenkommen müssen. Das wäre ja in vielen Fällen auch schwer machbar. Man nehme nur einmal an, ein Sohn des Verstorbenen lebt in Hamburg, der andere in München und die Schwester auf Teneriffa. Um das Ganze nicht allzu kompliziert zu machen, kann jeder Erbe einen Gläubiger zur Zahlung auffordern, aber eben nur zur Zahlung an alle Erben. Die Miterben können aber natürlich vorher zustimmen, dass ein Erbe eine oder alle Forderungen des Verstorbenen eintreibt. Hat ein Miterbe ohne die vorherige Genehmigung der anderen Erben Geld von einem Dritten eingenommen, können die übrigen Erben dies auch nachträglich noch genehmigen.

Einer darf für alle handeln

Nachträgliche Genehmigung

Die Erbengemeinschaft kann aber nicht jegliche Handlung nachträglich genehmigen. Maßnahmen, die von der Gemeinschaft einseitig vorgenommen werden – dies ist zum Beispiel bei Kündigungen der Fall –, können nicht im Nachhinein genehmigt werden, wenn nur ein Miterbe sie ausgesprochen hat. Die Kündigung müsste dann noch einmal ausgesprochen werden. Wer umgekehrt in einer Mietwohnung wohnt, die einer Erbengemeinschaft gehört, muss die Kündigung allen Erben gegenüber erklären.

Nachträgliche Genehmigung nicht immer möglich

Wenn keine Kündigung erfolgt, muss wiederum der Mieter wissen, an wen er künftig nun zahlen soll. Grundsätzlich muss die Miete jetzt nämlich an alle Mitglieder der Erbengemeinschaft überwiesen werden. Der Mieter kann das Geld nicht einfach auf das Konto eines einzelnen Erben einzahlen. Es muss vielmehr auf ein Konto der Gemeinschaft überwiesen werden.

Wie wird das Erbe aufgeteilt?

Ziel und zugleich Ende der Erbengemeinschaft ist, dass jeder seinen Anteil vom Erbe erhält. Dies nennt man die Auseinandersetzung des Erbes.

Erst müssen die Schulden bezahlt werden

Jeder Erbe kann jederzeit die Auseinandersetzung des Erbes verlangen. Bevor das Vermögen aufgeteilt werden kann, müssen aber zuerst alle Verbindlichkeiten des Verstorbenen beglichen werden. Erst wenn alle Außenstände beglichen sind, kann das, was übrig bleibt, unter den Erben verteilt werden.

Hat der Erblasser in sein Testament geschrieben, dass sein Nachlass nicht aufgeteilt werden soll, muss dies beachtet werden. Das kann etwa dann der Fall sein, wenn er wollte, dass sein Mietshaus den Kindern weiterhin gemeinsam gehören soll und jeder von den Mieteinnahmen profitiert.

Die Erbengemeinschaft kann auch anders entscheiden als der Erblasser

Einigen sich aber alle Erben, Nacherben und der Testamentsvollstrecker darauf, dass das Erbe trotzdem aufgeteilt werden soll, ist das entgegen der Anordnung des Verstorbenen möglich. Ein Erblasser kann die Aufteilung durch sein Testament übrigens längstens für 30 Jahre aufschieben. Danach kann jeder Erbe die Auseinandersetzung fordern.

Manchmal hat der Verstorbene in seinem letzten Willen auch genau festgelegt, wer was erhalten soll. Daran müssen sich die Erben dann auch halten. Sind sich aber alle einig darüber, dass der Nachlass doch anders verteilt werden soll, können sie auch von der Regelung abweichen.

Der Testamentsvollstrecker kann das Erbe teilen

Ist im Testament bestimmt, dass es einen Testamentsvollstrecker geben soll, so übernimmt dieser die Verteilung des Nachlasses. Der Testamentsvollstrecker bestimmt den Ablauf der Auseinandersetzung, er verwaltet den Nachlass und kann Prozesse führen. Er muss sich darum kümmern, dass die Nachlassverbindlichkeiten beglichen werden und verteilt am Ende den Nachlass. Der Umfang seiner Aufgaben richtet sich grundsätzlich danach, was der Erblasser in seinem letzten Willen bestimmt hat. Lesen Sie dazu auch Kapitel 5 „Die Testamentsvollstreckung".

Verteilung des Erbes durch Testamentsvollstrecker

Möglich ist auch, dass nur für einen einzigen Miterben ein Testamentsvollstrecker eingesetzt wird. Der Testamentsvollstrecker handelt dann für diesen Erben so, wie der Erblasser es bestimmt hat. Wer als Erblasser etwa nicht will, dass der jüngste Sohn ein umfassendes Mitspracherecht hat, wenn es um den Verbleib des Betriebs geht, kann einen Testamentsvollstrecker einsetzen, der in diesem Sinne verhandelt.

Testamentsvollstrecker nur für einen Miterben

Den Umfang des Nachlasses feststellen

Bevor der Nachlass aufgeteilt werden kann, muss festgestellt werden, was an Vermögen überhaupt da ist. Den Erben stehen dafür eine Reihe von Auskunftsrechten zu. Derjenige, der Gegenstände aus dem Nachlass besitzt, ist den Erben gegenüber verpflichtet, darüber Auskunft zu erteilen. Lebte zum Beispiel der verstorbene Vater mit seiner Lebensgefährtin zusammen, haben die Erben einen Anspruch gegen sie, zu erfahren, was sich alles an Nachlassgegenständen im Haushalt befindet. Verweigert sie die Auskunft, können die Erben sie darauf verklagen.

Auskunftsrecht der Erbengemeinschaft

Auch bei Banken können Informationen eingeholt werden. Als Erbe ist man berechtigt, von den Finanzhäusern vollständige Informationen über den Stand von Konten und Wertpapierdepots zu erhalten. Das ist deshalb wichtig,

Banken müssen informieren

damit sich die Erben einen Überblick über das Vermögen verschaffen können.

Grundbuch umschreiben lassen!

Gehört ein Grundstück zum Nachlass, muss unter Umständen die Erbengemeinschaft in das Grundbuch eingetragen werden. Das Grundbuch wird dann berichtigt, und zwar auf Antrag der Erben. Hierfür müssen die Erben einen Erbschein vorlegen oder ein notarielles Testament und das Protokoll des Nachlassgerichts über die Testamentseröffnung.

TIPP

Frist
Wenn Sie den Antrag auf Grundbuchberichtigung innerhalb von zwei Jahren nach dem Erbfall stellen, entstehen Ihnen keine Gebühren beim Grundbuchamt.

Wenn der Erblasser schon zu Lebzeiten Zuwendungen gemacht hat

Manche Zuwendungen werden auf das Erbe angerechnet

In vielen Fällen kommt es vor, dass der Verstorbene schon zu Lebzeiten dem einen oder anderen Erben etwas zukommen hat lassen. Ein Bauplatz oder ein paar tausend Euro Startkapital für die Eigentumswohnung sind keine Seltenheit. In solchen Fällen stellt sich schnell die Frage, ob das beim späteren Erbe wieder ausgeglichen werden muss.

Das ist sicher immer dann der Fall, wenn der Verstorbene ein Testament gemacht und dies ausdrücklich darin bestimmt hat. Gibt es dagegen kein Testament, dann sollen Zuwendungen an die Kinder und die Enkelkinder auf das Erbe angerechnet werden.

Angerechnet werden müssen Ausstattungen, die dem Kind anlässlich der Heirat oder zur Gründung des eigenen

Hausstands gemacht wurden. Mit dazu zählen etwa auch die Kosten zum Aufbau einer eigenen Praxis oder einer Werkstatt.

Zuschüsse müssen angerechnet werden, wenn sie zur Unterstützung des Einkommens oder der Berufsausbildung erbracht werden. Sie sind aber nur auszugleichen, wenn sie über das übliche Maß hinausgehen. Der Kauf eines teuren Autos wird meistens nicht darunter fallen, wohl aber die Finanzierung des ganzen Studiums.

Auskunftspflicht

Die Erben sind übrigens verpflichtet, untereinander darüber Auskunft zu geben, was sie vom Verstorbenen früher erhalten haben.

Wenn ich den Erblasser zu Lebzeiten gepflegt habe

Wer den Erblasser gepflegt hat, kann mehr erben

Streitigkeiten kann es auch dann geben, wenn einer der Nachkommen den Erblasser bis zu seinem Tod gepflegt hat und für diese Pflege nach dem Tod einen Ausgleich von den Miterben bezahlt haben möchte. Ist im Testament geregelt, wie hoch der Ausgleich sein soll, ist die Rechtslage meist klar. Wenn kein Testament vorliegt, können Kinder, Enkel oder Urenkel dennoch einen Anspruch auf einen finanziellen Ausgleich haben.

Wer für die Pflege des Erblassers im Erbfall einen Ausgleichsanspruch gerichtlich geltend machen will, sollte sich aber darüber im Klaren sein, dass derartige Prozesse besonders unangenehm sind, insbesondere dann, wenn die Pflege schon länger zurück liegt und nur schwer aufzuklären ist, in welchem Umfang der Pflegende tatsächlich tätig war. Um Streitigkeiten vorzubeugen, ist es also von Vorteil, wenn der Umfang der Pflegeleistung genau dokumentiert wird.

TIPP

Testament
Pflegen Sie jemanden, ohne sein Kind oder Enkelkind zu sein, können Sie von den Erben einen Ausgleich für diese Tätigkeit nur dann verlangen, wenn der Erblasser dies in seinem Testament angeordnet hat.

Achtung: Durch die Erbrechtsreform zum 1.1.2010 hat sich diesbezüglich einiges verbessert. Lesen Sie dazu den Abschnitt „Pflegende Angehörige“ in Kapitel 1.

Wem gehört was?

Jedem gehört erstmal anteilig alles

Der Nachlass gehört zunächst allen Miterben zusammen. Erben etwa drei Schwestern von ihrem Vater ein Haus, so steht jeder ein Drittel des Hauses zu. Auch alles andere gehört jeder Erbin zu einem Drittel: das Auto, die Möbel, die Firma, die Aktien des Vaters. Solange der Nachlass nicht aufgeteilt ist, darf sich somit auch keine der Schwestern allein ihren Anteil einfach nehmen, weder die Aktien noch das Haus oder die Möbel – selbst dann nicht, wenn der Wert des Gegenstands dem Anteil ihres Erbes entsprechen würde.

BEISPIEL

Keine Alleingänge
Klara, Michaela und Susanne erben ein Mietshaus und ein Sparguthaben von 30.000 Euro. Klara darf nicht allein ihr Drittel, also 10.000 Euro, von dem Konto abheben.

Gehören unteilbare Gegenstände zum Nachlass, wie etwa Immobilien oder gar ein Unternehmen, ist eine reale Teilung nicht möglich. Das Gesetz sieht in diesen Fällen den Verkauf vor. Der Erlös soll dann aufgeteilt werden.

Keine Einigung

Doch genau hier beginnen viele Probleme: Ein Verkauf ist wirtschaftlich nicht immer sinnvoll oder möglich. Oft wollen auch nicht alle Erben einen Verkauf. So kann es vorkommen, dass ein Erbe in dem Haus wohnen will, der andere es aber weitervermieten und ein Dritter es verkaufen möchte.

TIPP

Streit vermeiden

Wenn der Erblasser im Testament genau bestimmt, wer welchen Gegenstand erhalten soll, lässt sich Streit oft vermeiden. So kann der Erblasser zum Beispiel seinem Sohn den Betrieb und seiner Tochter das Haus übertragen. Sinnvoll ist es auch, schon zu Lebzeiten mit den künftigen Erben zu sprechen, um die einzelnen Interessen berücksichtigen zu können.

Gehen die Vorstellungen über die Verteilung des Nachlasses auseinander, sollte man dennoch versuchen, sich irgendwie zu einigen. Gerichtliche Auseinandersetzungen kosten Zeit und Nerven – und zwar alle Beteiligten.

Auseinandersetzungsvereinbarung der Erben

Bei Grundstücken immer zum Notar!

Können sich die Erben über die Verteilung des Nachlasses einigen, sollte man das schriftlich in einem Auseinandersetzungsvertrag festhalten. Zum Notar muss man für eine solche Vereinbarung nicht, es sei denn, es gehören Grundstücke zum Nachlass, oder wenn Anteile an einer Gesellschaft mit beschränkter Haftung (GmbH) übertragen werden sollen. Der Notar kostet zwar Gebühren, er erklärt Ihnen aber auch die Reichweite und die Folgen des Vertrags.

BEISPIEL

Herbert Schmidt hinterlässt seiner Frau Gitte die Hälfte des Nachlasses. Seine Kinder Klara und Hans bekommen je ein Viertel. Zum Zweck der endgültigen Auseinandersetzung wird folgende Vereinbarung geschlossen:

Auseinandersetzungsvertrag

1. Auflistung des Nachlasses abzüglich der Verbindlichkeiten: ...
2. Auseinandersetzungsvereinbarung:
   a. Der von Gitte Schmidt zu beanspruchende Anteil am Nachlassvermögen beträgt 100.000 Euro, die Anteile von Klara und Klaus betragen jeweils 50.000 Euro.
   b. Gitte Schmidt erhält aus der Auflösung des Bankguthabens und der Lebensversicherungssumme 100.000 Euro.
   c. Klara erhält in Erfüllung des Wunsches des Erblassers das Wertpapierdepot im Wert von 50.000 Euro.
   d. Klaus erhält den Schmuck des Erblassers sowie seinen Pkw zum alleinigen Eigentum. Daneben erhält er einen zusätzlichen Geldbetrag in Höhe von 30.000 Euro.

Aus der Erbengemeinschaft ausscheiden

Die Erbschaft ausschlagen

Eine Möglichkeit, sich der Erbengemeinschaft zu entziehen, ist natürlich, die Erbschaft auszuschlagen. Dann hat man mit der Erbengemeinschaft nichts mehr zu tun, erbt aber auch nichts. Wer eine Erbschaft ausschlagen möchte, hat dafür sechs Wochen Zeit. Tut er das nicht, gilt die Erbschaft als angenommen. Die sechswöchige Frist beginnt nicht etwa mit dem Tod des Erblassers, sondern erst dann, wenn der Erbe von seiner Erbschaft erfahren hat. Die Erbschaft wird durch Erklärung gegenüber dem Nachlassgericht ausgeschlagen. Das ist das Amtsgericht, in dessen örtlichem Einzugsbereich der Erblasser seinen Wohnsitz hatte. Die Erklärung kann entweder auf der Geschäftsstelle abgegeben werden oder in öffentlicher beglaubigter Form, also durch notarielle Erklärung, die man innerhalb der genannten Frist dem Nachlassgericht zukommen lassen muss. Doch wie schon gesagt, wer das Erbe ausschlägt, bekommt auch nichts. Und auf den Nachlass wollen die meisten dann doch nicht verzichten.

Frist sechs Wochen

Ausschlagen beim Nachlassgericht

Manchmal kommt es aber auch vor, dass ein Erbe bei der Verteilung des Nachlasses gar nicht mitreden will – ihm das Ganze sogar eher lästig ist –, er aber trotzdem vom Erbe etwas abbekommen möchte. Gerade wenn man die Miterben nicht einmal kennt oder nicht sonderlich gut mit ihnen zurecht kommt, kann es sinnvoll sein, sich von den anderen Miterben auszahlen zu lassen. Häufig ist das auch den anderen gar nicht so unrecht, weil sie ähnlich denken. Die Erben müssten dann eine Vereinbarung untereinander treffen, dass dieser Erbe gegen eine Abfindung aus der Erbengemeinschaft ausscheidet.

Auszahlen lassen

TIPP

Ohne Notar

Sie können mit einem Miterben vereinbaren, dass er gegen Abfindung ausscheidet, ohne dass Sie dafür zum Notar gehen müssen. Selbst wenn ein Grundstück zum Nachlass gehört, können Sie die Vereinbarung alleine schriftlich aufsetzen.

Es können umgekehrt auch alle anderen Miterben von einem Erben ausbezahlt werden. Will beispielsweise ein Miterbe das Haus behalten und sind alle anderen nur an

Auseinandersetzungsvertrag

Vorsicht: notarielle Beurkundung

dem Wert interessiert, kann dies in einem Auseinandersetzungsvertrag geregelt werden. Die Erben können in einem Vertrag dann festlegen, wer das Haus bekommen soll und dass die anderen Erben ausbezahlt werden sollen. Der Wert des Hauses wird auf die Erben zu gleichen Teilen umgelegt. Der Erbe, der das Haus selbst beziehen möchte, muss den anderen Miterben ihren Anteil in Geld ausbezahlen. Ein solcher Vertrag muss aber notariell beurkundet werden.

Anteil an Außenstehende verkaufen

Wem alles zu lange dauert, der kann seinen gesamten Anteil verkaufen und so komplett aus der Erbengemeinschaft aussteigen. Käufer können ein Miterbe, alle Miterben oder auch ein außenstehender Dritter sein. Der Käufer tritt an die Stelle des Erben in der Erbengemeinschaft. Er übernimmt damit aber auch anteilig eine etwaige Grundschuld

WICHTIG

Vorkaufsrecht

Den Miterben steht ein Vorkaufsrecht zum gleichen Preis zu. Sie können somit die Übertragung an einen Außenstehenden verhindern, indem sie dieses Recht selbst geltend machen. Dadurch wird sogar ein bereits geschlossener Kaufvertrag mit dem Außenstehenden unwirksam. Die Miterben können das Vorkaufsrecht innerhalb von zwei Monaten ausüben. Die Frist zur Ausübung des Rechts beginnt zu laufen, sobald die Miterben von demjenigen, der seinen Erbteil verkaufen möchte, über den Inhalt des abgeschlossenen Vertrags informiert wurden. Der Erbe, der seinen Erbteil verkaufen will, ist zu dieser Mitteilung gesetzlich verpflichtet. Benachrichtigt er die anderen über den Verkauf nicht, bleibt das Vorkaufsrecht bestehen. Der mit dem Außenstehenden abgeschlossene Vertrag kann damit auch über den Fristablauf hinaus noch zu Fall gebracht werden. Üben die oder der Miterbe sein Vorkaufsrecht gegenüber dem Käufer aus, ist dieser verpflichtet, den erworbenen Miterbenanteil auf die Miterben wieder zurück zu übertragen. Hat er den Kaufpreis bereits bezahlt, müssen ihm die Miterben den Kaufpreis einschließlich der Kosten der Rückübertragung erstatten.

an dem Grundstück oder eventuelle Schulden des Erblassers. Der Verkauf des Erbanteils muss notariell beurkundet werden.

Vermittlung – immer einen Versuch wert

Wenn sich die Erben gar nicht einigen können, bleibt die Möglichkeit, ein so genanntes Vermittlungsverfahren zu beantragen. Dafür kann jeder Erbe das Nachlassgericht einschalten. Im Wege des Verfahrens wird dann versucht, die Interessen der einzelnen Erben irgendwie zu vereinbaren. So wird Hilfestellung gegeben, wenn es um richtige Schätzung des Wertes des Grundstücks geht, und es wird ein so genannter Auseinandersetzungsplan erarbeitet. Wenn alle Erben am Ende des Verfahrens dem Vorschlag des Gerichts folgen, wird der Auseinandersetzungsplan rechtskräftig. Er hat die gleiche Wirkung wie ein Urteil, aus ihm kann also auch die Zwangsvollstreckung betrieben werden.

Auseinandersetzungsplan vom Gericht

Die Kosten des Verfahrens muss die Erbengemeinschaft tragen. Kommt auch hier keine Einigung zustande, muss der Antragsteller die Kosten des Verfahrens allein tragen.

Kosten

Zu bedenken ist, dass das Nachlassgericht nur vermitteln darf, nicht entscheiden. Es kann nur Auseinandersetzungsvorschläge machen. Der Widerspruch eines Erben lässt das Vermittlungsverfahren scheitern. Bleibt einer der Miterben dem gerichtlichen Termin einfach fern, so folgt das Gericht dem Vorschlag der Erschienenen. Dem Säumigen wird deren Auseinandersetzungsplan dann sozusagen aufgezwungen, wenn er nicht fristgerecht einen neuen Termin beantragt hat und dort auch erscheint.

Keine Entscheidung des Gerichts – nur Vermittlung

GUT ZU WISSEN

Alternativen

Es gibt jedoch Alternativen zum Gang zu Gericht: In einigen Bundesländern (Hessen, Bayern und Niedersachsen) kann auch ein Notar zur Vermittlung eingeschaltet werden. Mit Hilfe des Notars wird ein Teilungsplan verfasst. Der Notar kann, wenn die Miterben ihn dazu auffordern, einen eigenen Teilungsplan vorschlagen.

Auch der Notar verlangt natürlich Gebühren. Sie orientieren sich ebenfalls am Wert des Nachlasses. Je höher dessen Wert ist, umso mehr müssen Sie an Gebühren zahlen. Günstiger als die Vermittlung bei Gericht ist der Notar nicht. Die Kosten sind genauso hoch.

Wenn nichts mehr geht: Auseinandersetzung durch Gerichtsurteil

Klage auf Zustimmung zum Teilungsplan

Bringt auch die Vermittlung nichts, bleibt nur noch die Klage auf die Zustimmung des oder der anderen Erben zu einem bestimmten Teilungsplan. Dafür muss man zunächst einen Plan entwerfen. Die Klage ist erst dann möglich, wenn der Nachlass „teilungsreif“ ist. Das bedeutet, dass der gesamte Umfang des Vermögens feststeht und alle Verbindlichkeiten inklusive der Schulden bekannt sind. In dem Plan müssen die Erben auch berücksichtigen, wie alle Gläubiger an ihr Geld kommen sollen.

Ab 5.000 Euro ist das Landesgericht zuständig

Die Klage muss man bei dem Landgericht einreichen, in dessen Bezirk der Verstorbene zuletzt wohnte, wenn der Erbanteil des klagenden Miterben mehr als 5.000 Euro wert ist. Die Amtsgerichte sind bei geringeren Streitwerten zuständig. Vor dem Landgericht braucht man einen Rechtsanwalt, der den Rechtsstreit führt, beim Amtsgericht ist das dagegen nicht notwendig.

Hat die Klage Erfolg, muss der Nachlass so verteilt werden, wie es der Auseinandersetzungsplan des Gerichtsurteils bestimmt.

Die Zwangsversteigerung – oft der letzte Ausweg

Jedem Miterben bleibt es auch unbenommen, beim Gericht die Versteigerung des Nachlasses zu beantragen. Um das Verfahren einzuleiten, genügt ein Antrag beim Amtsgericht. Der gesamte Nachlass wird dann verkauft, Immobilien werden zwangsversteigert. Vor der Versteigerung einer Immobilie beauftragt das Gericht auf Kosten der Erbengemeinschaft einen Sachverständigen. Dieser begutachtet das Grundstück sowie die Immobilie und setzt einen Preis für die Versteigerung fest. Dann kommt die Immobilie unter den Hammer. Jeder kann das Haus ersteigern, auch die Erben selbst.

Oft die schlechteste Lösung

WICHTIG

Letzter Ausweg

Eine Versteigerung sollte immer der letzte Weg sein, denn in der Regel werden die Immobilien hierbei unter Wert verkauft. Die Erbengemeinschaft wird durch eine Zwangsversteigerung also in der Regel finanzielle Verluste erleiden. Herrscht erbitterter Streit unter den Erben, kann schon die Androhung einer Versteigerung helfen, den einen oder anderen zum Einlenken zu bewegen.

Auch wenn die Zwangsversteigerung schon eingeleitet ist, gibt es noch ein Zurück. Jeder Miterbe kann bei Gericht beantragen, dass das Verfahren für die Dauer von sechs Monaten eingestellt wird – Zeit, um sich vielleicht doch noch zu einigen.

KAPITEL 9

Der Erbfall ist eingetreten

Irgendwann bleibt es nicht mehr bei der Theorie. Dann tritt der Tag X wirklich ein: Der Angehörige stirbt. Plötzlich muss man als Erbe all die Dinge realisieren, über die bisher nur gesprochen wurde. Für viele beginnt jetzt auch eine bürokratische Phase, verbunden mit Behördengängen und etlichen Stunden am Schreibtisch. Doch wer jetzt Schritt für Schritt vorgeht, kann später beruhigt sein, alles gut geregelt zu haben.

Die Checkliste für Erben – Was muss ich im Todesfall tun?

Viele Formalitäten

Wenn ein naher Angehöriger stirbt, muss die Familie erst einmal den Schock und die Trauer bewältigen. Doch leider kommt fast niemand um Formalitäten herum, die dann ebenfalls zu erledigen sind: Die Beerdigung muss organisiert sein, Todesanzeigen müssen geschaltet und Freunde benachrichtigt werden. Und oft müssen die Erben sich auch gleich um ihre Pflichten und auch Rechte kümmern. Vielen Trauernden hilft es, wenn sie in dieser Zeit eine Checkliste haben, die sie abarbeiten können.

Eine Checkliste gibt Orientierung

Auch wenn man sich nach dem Tod eines lieben Menschen am liebsten erst einmal zurückziehen würde – manche Dinge müssen einfach erledigt werden. Und oft hilft diese Beschäftigung den meisten, mit der Trauer wenigstens am Anfang besser zurecht zu kommen. Es lenkt ab, wenn man organisieren muss. Viele Angehörige sagen hinterher, dass das Bewältigen der Formalitäten ihnen ein wenig dabei geholfen hat, den Tod zu verarbeiten.

Doch was muss man eigentlich alles erledigen, wenn ein Angehöriger gestorben ist?

- Ist Ihr Angehöriger zuhause gestorben, dann sollten Sie zuallererst einen Arzt verständigen. Er stellt den Totenschein aus. Den Totenschein brauchen Sie später, um beim Standesamt eine Sterbeurkunde beantragen zu können. Die Sterbeurkunde benötigen Sie für manche Behördengänge. Ist Ihr Angehöriger im Krankenhaus gestorben, dann erledigen die Ärzte das dort automatisch. Totenschein
- Sie sollten sich so schnell wie möglich Gedanken über die Bestattung machen. Der Bestattungsunternehmer kümmert sich um alles. Er hilft Ihnen beim Aussuchen des Sarges, bei der Planung der Beerdigung, Blumenschmuck, Musik oder dem Verfassen und Aufgeben von Todesanzeigen. Beerdigung
- Benachrichtigen Sie Freunde und Verwandte, Pfarrer, Arbeitgeber, Vermieter und Vereine vom Tod des Angehörigen. Benachrichtigungen
- Der nächste Schritt ist das Erbe des Verstorbenen. Hat er ein Testament gemacht? Wenn ja, dann suchen Sie es aus den Unterlagen heraus und geben Sie es beim Nachlassgericht ab. Das ist das Amtsgericht des Ortes, in dem der Tote seinen letzten Wohnsitz hatte. Ist das Testament bei Gericht oder einem Notar hinterlegt, müssen Sie sich darum nicht kümmern. Das Nachlassgericht schreibt die Erben dann automatisch an. Testament
- Hatte der Tote eine Lebens- oder Unfallversicherung? Viele Versicherungsunternehmen verlangen, dass der Tod des Versicherten ihnen innerhalb von 48 Stunden angezeigt wird. Sonst kann es Probleme mit der Auszahlung der Versicherungssumme geben. Versicherungen

Erbschein

- Beantragen Sie beim Nachlassgericht einen Erbschein, wenn Sie Erbe geworden sind. Der ist gebührenpflichtig, wenn das Testament nur handschriftlich verfasst war. Der Erbschein ist ganz besonders wichtig. Er legitimiert Sie als rechtmäßigen Erben des Toten, etwa bei der Bank, wenn Sie Zugang zu den Konten haben möchten.
- Kündigen Sie die Versicherungen des Toten, wie etwa Krankenversicherung (auch an die Krankenzusatzversicherungen denken), Haftpflicht, Hausrat, oder Kfz-Versicherung.

Kündigungen

- Auch andere laufende Verpflichtungen sollten Sie kündigen, wenn sie nicht mehr benötigt werden, etwa Telefonanschluss und Handy-Vertrag, Tageszeitungen und sonstige Abos, Mitgliedschaften in Vereinen oder Organisationen.

Rente

- Haben Sie Anspruch auf Hinterbliebenenrente oder die Betriebsrechte des Verstorbenen (etwa als Ehegatte)? Kümmern Sie sich bald darum. Wegen der betrieblichen Altersversorgung müssen Sie sich mit dem Arbeitgeber in Verbindung setzen. Ansonsten sind Bundes und Landesversicherungsanstalt oder die Gemeindeverwaltung zuständig.

Finanzamt

Innerhalb von drei Monaten nach dem Tod des Erblassers müssen Sie Ihre Erbschaft dem Finanzamt anzeigen. Je nachdem, wie hoch die Erbschaft ist und welche Freibeträge Ihnen zustehen, fällt vielleicht auch Erbschaftssteuer an. Seien Sie dem Finanzamt gegenüber ehrlich und verschweigen Sie kein geerbtes Geld. Denn die Behörde kann noch Jahre später hinterzogene Erbschaftssteuer von Ihnen einfordern und unter Umständen sogar ein Strafverfahren gegen Sie in Gang setzen.

Brauche ich als Erbe einen Erbschein?

Der Erbschein beweist die Erbschaft

Mit dem Erbschein können Sie sich als (Mit-)Erbe ausweisen. Zwar ist der Schein grundsätzlich kein Muss, in der Praxis stellt er aber ein sicheres Beweismittel dar. Sie benötigen einen Erbschein, um bestimmte Geschäfte mit Dritten über das ererbte Vermögen abwickeln zu können. Eine Bank wird eine Verfügung über das Konto des Erblassers nur zulassen, wenn sie sicher sein kann, dass der als Erbe Auftretende auch tatsächlich der Erbe ist. Haben Sie als Erbe eine Bankvollmacht für den Todesfall des Erblassers, brauchen Sie dort keinen Erbschein mehr vorzulegen.

Den Erbschein braucht man auf jeden Fall aber dann, wenn man sich beim Grundbuchamt nach den Eigentumsverhältnissen erkundigen will. Auch bei Verhandlungen mit Versicherungen wird in der Regel ein Erbschein verlangt.

Vor allem wenn der Erblasser kein Testament hinterlassen hat, benötigen Sie als Erbe den Erbschein, um beweisen zu können, dass Sie Erbe sind. Der Erbschein gibt auch Auskunft darüber, ob die Erben in ihrer Verfügung beschränkt sind, zum Beispiel durch die Anordnung einer Nacherbfolge.

Beim Nachlassgericht beantragen

Der Schein wird bei dem Nachlassgericht (am Amtsgericht) beantragt, wo der Verstorbene zuletzt wohnte. Bei Ihrem Antrag müssen Sie einige Angaben machen und diese mit Papieren belegen können. Sie müssen angeben, wann der Erblasser verstorben ist, ob Sie kraft Gesetz oder durch ein Testament erben, ob weitere Personen vorhanden sind, die den Antragsteller in seinem Erbrecht einschränken können, und ob ein Rechtsstreit über das Erbrecht anhängig ist. Gibt es mehrere Erben, kann jeder beantragen, dass ein gemeinsamer Erbschein ausgestellt wird. Im Antrag müssen Sie dann alle Erben und ihre Erbteile angeben.

Beschwerde beim Landgericht

Wird Ihr Antrag auf Erteilung eines Erbscheins abgelehnt, können Sie beim zuständigen Landgericht dagegen Beschwerde einlegen. Stellt sich im Nachhinein heraus, dass der Erbschein falsch ist, weil beispielsweise ein wirksames Testament mit anderem Inhalt aufgetaucht ist, zieht das Gericht den Erbschein wieder ein.

Kosten des Erbfalls

Mit dem Tod fallen hohe Kosten an

Auch daran sollten Sie denken: Wenn der Erbfall eintritt, fallen nach und nach auch Kosten an: Die Erben müssen Ansprüche von Pflichtteilsberechtigten und von Personen, die Vermächtnisse zugesprochen bekommen haben, ausbezahlen oder verteilen. Zudem kommen weitere Zahlungen wie Erbschaftssteuer, Gebühren eines Nachlasspflegers und Testamentsvollstreckers auf die Erbengemeinschaft zu.

Daneben müssen die Erben die Kosten für eine standesgemäße Bestattung tragen. Hat der Verstorbene nicht bestimmt, wie er beerdigt werden will, können die Erben die Form der Bestattung festlegen. Was eine standesgemäße Beerdigung im Einzelfall ist, richtet sich nach dem sozialen Status und Lebensstandard des Verstorbenen, aber auch nach dem Umfang des Nachlasses.

Grabpflege

Die Grabpflege gehört nicht zu den Bestattungskosten. Der Erblasser kann schon zu Lebzeiten einen Grabpflegevertrag über die gesamte Ruhezeit abschließen und verfügen, dass die Erben diesen nicht kündigen dürfen. Die Erben müssen dann als Nachfolger des Verstorbenen den Vertrag erfüllen und in der Regel eine Vorauszahlung für die Grabpflege erbringen.

WICHTIG

Schriftlich festlegen

Wenn Sie als Erblasser auf eine ganz bestimmte Art und Weise bestattet werden wollen, dann sollten Sie das im Testament schriftlich festlegen. In vielen Fällen reicht es nicht aus, wenn Sie es einem der Erben mündlich mitteilen. Im Falle des Todes kann nämlich auch die Bestattung Gegenstand aufreibender Streitereien sein. Wenn sich die Erbengemeinschaft in diesem Punkt nicht einigen kann, zählt nicht etwa der Wille der Mehrheit. Der Tote wird dann auf ortsübliche Weise bestattet. Wenn Sie also etwas Außergewöhnliches wollen, etwa die Bestattung an einem anderen Ort als dem, in dem Sie zuletzt gelebt haben, oder eine Feuerbestattung, dann sollten Sie das vorher schriftlich festlegen.

Unterhalt der Angehörigen

Der Dreißigste

Bedürftige Familienangehörige des Verstorbenen können von den Erben den so genannten „Dreißigsten" verlangen. Diejenigen, die zu Lebzeiten des Erblassers von ihm im gemeinsamen Haushalt mit versorgt wurden, haben einen Anspruch auf Unterhalt. Für einen Zeitraum von 30 Tagen steht diesen Personen neben Unterhalt auch das Recht zu, die Wohnung und die Haushaltsgegenstände zu nutzen.

Der Anspruch wird hauptsächlich dadurch realisiert, dass Wohnung und Essen zur Verfügung gestellt werden. Nur, wenn die Wohnung vor Ablauf der 30 Tage geräumt werden muss, erhalten die Angehörigen Geld.

KAPITEL 10

Die Erbschaft annehmen – oder besser ausschlagen?

Wenn uns jemand erzählt: „Ich habe geerbt“, dann denken wir oft, dass derjenige in den Genuss größerer Mengen Bargeld, eines Hauses oder eines stattlichen Aktienpakets gekommen ist – dass er also auf alle Falle vermögender ist als vorher.

Doch nicht immer ist die Vermögensbilanz nach dem Tod positiv. Das Darlehen für den Hausbau, Investitionen für die Firma oder zahlreiche Ratenkredite können das Vermögen eines Erblassers schnell ins Minus rutschen lassen. Im Klartext: Das Erbe kann schlussendlich auch nur aus Schulden bestehen.

Muss ich auch für die Schulden des Erblassers geradestehen?

Man kann auch Schulden erben

Grundsätzlich geht beim Tod des Erblassers sein ganzes Vermögen auf die Erben über. Vermögen heißt dabei aber nicht, dass die Erben nur das Geld bekommen und die Schulden erlöschen. Das wäre eine Katastrophe für die Gläubiger des Erblassers. Die Folge wäre wohl, dass niemand mehr einen Kredit bekäme, weil die Banken mit leeren Händen dastehen würden, wenn ein Kreditnehmer stirbt.

Der Erbe tritt praktisch in die Fußstapfen des Erblassers. Er muss also auch seine Schulden übernehmen, sogar eine vom Erblasser eingegangene Bürgschaft. Das bedeutet aber nicht, dass der Erbe die Schulden vom Vermögen des Erblassers bezahlt und wenn vom Erbe nichts mehr da ist, gehen die restlichen Gläubiger leer aus. Wer erbt, haftet für die Schulden des Erblassers auch mit seinem eigenen Vermögen.

Der Erbe haftet mit seinem Vermögen

ACHTUNG

Schulden erben

Wenn man also das Erbe angenommen hat, erbt man auch die Schulden und muss die zur Not auch aus seinem eigenen Vermögen bezahlen. Und dann kann es sein, dass man mit seinem Privatvermögen bis ans Ende seines Lebens einen Kredit des Erblassers abzahlen muss, wenn nicht genug Erbmasse dagegensteht.

Wie schlage ich das Erbe aus?

Nach dem Tod des Erblassers sollten Sie sich unbedingt so schnell wie möglich einen genauen Überblick über dessen Vermögensverhältnisse verschaffen, also die Konten überprüfen, bei den Banken Erkundigungen einholen, die Papiere des Erblassers durchforsten. Wenn sich abzeichnet, dass der Verstorbene mehr Schulden als Vermögen hinterlassen hat, ist es besser, die Erbschaft auszuschlagen.

Verschaffen Sie sich einen Überblick!

Wichtig für zukünftige Erblasser: Wer gerade dabei ist, seine eigenen Angelegenheiten für den Todesfall vorzubereiten, merkt schon, wie wichtig es ist, seinen Erben kein Papierchaos zu hinterlassen. In unserer Checkliste für Erblasser auf Seite 155 haben Sie eine praktische Anleitung dafür, wie Sie Ihren zukünftigen Erben zu Ihren Lebzeiten schon eine Vermögensübersicht erstellen.

Kein Chaos hinterlassen

VORSICHT

Frist

Um eine Erbschaft auszuschlagen, hat man sechs Wochen Zeit. Die Frist von sechs Wochen beginnt aber nicht unbedingt mit dem Tod des Erblassers zu laufen. Sie beginnt vielmehr dann, wenn der Erbe von der Erbschaft erfährt. Das bedeutet, wenn es ein Testament gibt, beginnt die Frist mit der Testamentsverkündung. Auch wenn die Erben zunächst gar nicht gefunden werden können oder im Ausland leben, beginnt die Frist erst dann zu laufen, wenn sie von der Erbschaft erfahren. Selbst wenn der Erbe erst nach mehreren Monaten aufgespürt werden kann, hat er danach immer noch sechs Wochen Zeit, das Erbe auszuschlagen.

Der Gesetzgeber nimmt an, dass die Erben in mindestens sechs Wochen genügend Zeit haben, den Stand des Erbes zu beurteilen. Die Testamentsverkündung findet ja auch nicht unmittelbar nach dem Tod des Erblassers statt, so dass ihnen in der Praxis dadurch sogar noch etwas mehr Zeit bleibt.

Erbscheinantrag gilt als Annahme

Hat der Erbe aber vor Ablauf der Frist bereits angenommen, kann er hinterher nicht mehr ausschlagen. Eine solche Annahme kann etwa schon vorliegen, wenn der Erbe einen Erbschein beantragt hat. Ganz ausnahmsweise kann man die Annahme zwar anfechten, das ist aber äußerst schwierig und nur sehr schwer durchsetzbar. Besser ist es deshalb, sich gut zu überlegen, ob man die Erbschaft annehmen möchte.

Übrigens ist das Recht, die Erbschaft auszuschlagen, ebenfalls vererblich. Klingt kompliziert, ist aber eigentlich eine einfache und auch wichtige Regel.

BEISPIEL

Ausschlagungsfrist

Karl ist Egons bester Freund. Weil Egon keine Kinder oder sonstigen Verwandten hat, setzt er Karl in seinem Testament als Alleinerben ein. Nach Egons Tod verschafft sich Karl einen Überblick über die Erbschaft und stellt fest, dass sein Freund heillos überschuldet war. Er will auf keinen Fall die Erbschaft annehmen. Auf dem Weg zum Nachlassgericht, wo er das Erbe ausschlagen will, verunglückt er tödlich mit dem Auto. Sein Sohn Max erbt als einziger Sohn jetzt Karls Vermögen. Max muss jetzt an Karls Stelle das Erbe von Egon ausschlagen. Denn das Recht, das Erbe auszuschlagen, hat er ebenfalls vererbt bekommen. Allerdings endet für ihn die Frist nicht vor dem Zeitpunkt, an dem seine eigene Ausschlagungsfrist enden würde.

Wer das Erbe ausschlägt, muss sich an bestimmte zwingende Formvorschriften halten. Es reicht nicht aus, den Geschwistern zu sagen, dass man nichts haben will, oder sich einfach nicht zu rühren.

WICHTIG

Notarielle Erklärung

Wenn Sie das Erbe nicht haben möchten, dann müssen Sie es beim Nachlassgericht ausschlagen. Das funktioniert so, dass Sie entweder persönlich zum Nachlassgericht gehen und die Ausschlagung dort zur Niederschrift erklären. Wenn Sie nicht am Wohnort des Erblassers leben, kann das mit erheblichem Aufwand verbunden sein. Sie können dann auch zu einem Notar gehen, der eine notarielle Erklärung für Sie anfertigt. Die muss dann innerhalb der sechswöchigen Frist beim Nachlassgericht eintreffen.

Was passiert, wenn ich das Erbe ausgeschlagen habe?

Wenn der Erbe seinen Erbteil ausschlägt, verliert er sämtliche Ansprüche auf die Erbschaft. Er ist dann auch nicht mehr berechtigt, seinen Pflichtteil einzufordern.

Vorsicht: nach dem Ausschlagen andere vor Schulden warnen!

Schlägt er aus, erbt automatisch der so genannte Nächstberufene. Wer das ist, findet man dadurch heraus, dass man annimmt, der Ausschlagende hätte nie existiert. Wenn also außer dem ausschlagenden Erben noch andere Miterben da sind, so bekommen die seinen Anteil. Wollen diese das Erbe auch nicht, dann müssen sie ebenfalls ausschlagen. Möglicherweise rutscht das Erbe auch nach unten, das heißt, dass dann die Kinder des Ausschlagenden erben. Auch sie sollten sofort an eine Ausschlagung denken, wenn das Erbe überschuldet ist. Wer also ausschlägt, sollte seinen erbenden Angehörigen unbedingt mitteilen, dass das Erbe verschuldet ist. Andernfalls bringt man sie in eine finanziell hoffnungslose Situation.

Besonderheiten bei Eheleuten

Ausschlagen bei hohem Zugewinn

Ehegatten können die Erbschaft ausschlagen, ohne ihren Anspruch auf den Pflichtteil zu verlieren. In Betracht kommt diese Vorgehensweise immer dann, wenn der verstorbene Ehegatte einen besonders hohen Zugewinn erwirtschaftet hat. Für den überlebenden Ehegatten ist es dann manchmal günstiger, die Erbschaft auszuschlagen und Ausgleich des Zugewinns zu verlangen. Zusätzlich bekommt er vom restlichen Erbe noch seinen Pflichtteil.

BEISPIEL

Zugewinnausgleich

Anja und Klaus sind verheiratet. Am Anfang der Ehe hatten beide kein Vermögen. Dann stirbt Klaus. Bei seinem Tod hat Anja wegen der Kindererziehung immer noch kein eigenes Vermögen, Klaus hat ein Vermögen von einer Million Euro hinterlassen.

Im Normalfall würde Anja die Hälfte seines Vermögens erben, und zwar ein Viertel aus gesetzlicher Erbfolge und ein Viertel als pauschalierten Zugewinnausgleich. Macht 500.000 Euro. Die andere Hälfte bekämen die Kinder.

Anja kann aber auch die Erbschaft ausschlagen und Ausgleich des Zugewinns und ihren Pflichtteil verlangen. Finanziell steht sie dann folgendermaßen da:

Weil Klaus eine Million Euro dazu gewonnen hat und sie nichts, erhält sie die Hälfte davon als Zugewinnausgleich. Das sind 500.000 Euro. Dieser Zugewinnausgleich bewirkt, dass das Erbe damit nur noch die restlichen 500.000 Euro wert ist, denn es ist ja durch Anjas Zugewinnausgleich geschmälert. Von diesen übrig gebliebenen 500.000 Euro bekommt sie ihren Pflichtteil. Der beträgt ein Achtel von 500.000 Euro, also 62.500 Euro.

Am Ende hat sie mit dieser Lösung also 62.500 Euro mehr auf der Hand, als wenn sie das Erbe angenommen hätte.

Vorteil: Anja steht am Ende finanziell besser da. Außerdem ist sie nicht Erbin geworden. Sie ist also nicht Mitglied in einer Erbengemeinschaft, mit der sie das Erbe auseinander dividieren müsste. Leidiger Papierkram kann ihr unter Umständen erspart bleiben.

Nachteil: Anja ist Nachlassgläubigerin. Das bedeutet, dass sie sich das Geld von den Erben auszahlen lassen muss. Unter Umständen kann es auch hier Ärger geben und sie müsste dann im schlimmsten Fall vielleicht sogar gegen ihre eigenen Kinder klagen.

Ob Sie ausschlagen oder nicht, sollten Sie in jedem Fall nicht aus dem Bauch heraus entscheiden. Am besten lassen Sie sich ausführlich von einem Anwalt, Notar oder Steuerberater beraten. Er kann genau ausrechnen, welche Möglichkeit für Sie finanziell und auch in Ihrer persönlichen familiären Situation am besten ist.

Vor Ausschlagung vom Fachmann beraten lassen

Sie haben immerhin sechs Wochen Zeit!

Ist überhaupt niemand mehr da, der das Erbe haben will, bekommt es der Staat. Und der muss es dann nehmen, ob er will oder nicht – inklusive der Schulden.

Die Annahme oder Ausschlagung der Erbschaft rückgängig machen

Irrtum

Bisweilen kann es vorkommen, dass man die Erbschaft ausgeschlagen hat und sich im Nachhinein dann doch herausstellt, dass das Erbe nicht überschuldet war. Pech gehabt? Auch wenn man meint, jetzt sei alles zu spät, gibt es noch die allerletzte Möglichkeit, sowohl die Annahme der Erbschaft als auch die Ausschlagung **anzufechten**. Im Gesetz ist das ganz pragmatisch formuliert:

„Die Anfechtung der Annahme gilt als Ausschlagung, die Anfechtung der Ausschlagung gilt als Annahme."

Eine Anfechtung ist allerdings nur möglich, wenn auch ein **Anfechtungsgrund** vorliegt. Wer es sich nämlich einfach nur anders überlegt und die Erbschaft jetzt doch lieber will oder auch nicht, muss in den sauren Apfel beißen. Eine wankelmütige Natur ist kein Anfechtungsgrund. Es gibt zwar genügend Gründe, seine Entscheidung zu bereuen, der Gesetzgeber lässt aber nur einige zu, die dann auch die Entscheidung wirklich verändern können.

Das Gesetz lässt nur manche Anfechtungsgründe zu

Ein Anfechtungsgrund liegt immer dann vor, wenn

1. sich der Erbe in irgendeiner Form geirrt hat, entweder über die Ausschlagung an sich oder wegen einer Eigenschaft der Erbschaft.

BEISPIEL

Anfechtung
Der Erbe hat die Ausschlagung beim falschen Nachlassgericht abgegeben oder er wusste nicht, dass der Erblasser ihm zahlreiche Auflagen aufgebürdet hat, die er nicht erfüllen kann. Eine Anfechtung ist auch möglich, wenn er die Existenz von Miterben nicht kannte oder nicht wusste, dass der Nachlass gar nicht überschuldet war.

2. der Erbe durch Täuschung oder Drohung die Erbschaft angenommen oder ausgeschlagen hat.

BEISPIEL

Gefälschte Unterlagen
Der Erbe bekommt von seinem Miterben gefälschte Unterlagen vorgelegt, die den Eindruck erwecken, dass das Erbe überschuldet sei (was es aber in Wirklichkeit nicht ist). Wenn der ausschlagende Erbe hinterher erfährt, dass er getäuscht wurde, kann er die Ausschlagung anfechten. Das Gleiche gilt, wenn der Erbe durch einen anderen gezwungen wird, die Erbschaft auszuschlagen, weil er ihm sonst seine Schlägerfreunde schicken würde.

In der Praxis kommt es am häufigsten vor, dass sich die Erben dahingehend irren, welchen Wert die Erbschaft tatsächlich hatte – oder eben auch nicht.

Weil die Gerichte die Anfechtungsgründe sehr genau prüfen, ist es in jedem Fall ratsam, sich von einem Fachmann beraten zu lassen. Denn manchmal sind es nur Nuancen, die einen richtigen Anfechtungsgrund von einem unbeachtlichen unterscheiden. Ihr Anwalt wird diese Nuancen im Zweifel kennen.

VORSICHT

Frist
Auch für die Anfechtung gibt es Fristen. Sechs Wochen haben Sie Zeit, die leidige Erklärung aus dem Weg zu schaffen. Die Frist beginnt dann, wenn Sie von dem Anfechtungsgrund erfahren haben. Sind Sie bedroht worden, so endet die Frist, wenn die Zwangslage endet.

Im Zweifel: Nachlassverwaltung beantragen!

Doch was soll man tun, wenn man auch nach intensiver Durchsicht der Unterlagen einfach nicht beurteilen kann, was da mit dem Erbe auf einen zukommt? Wenn die Papiere nicht geordnet sind und man einfach nicht alles überblicken kann? Oder wenn der Erblasser Steuern hinterzogen hat und man damit rechnen muss, eine größere Summe, die den Wert des Erbes übersteigt, an das Finanzamt nachzahlen zu müssen? Da kann selbst die sechswöchige Frist, die der Gesetzgeber den Erben zum Ausschlagen gewährt, viel zu kurz sein.

Doch auch hier gibt es einen Ausweg, der die Erben in jedem Fall auf die sichere Seite bringt: Sie können eine Nachlassverwaltung beantragen. Die Nachlassverwaltung hat für den Erben zur Folge, dass er die Erbschaft nicht ausschlagen muss. Er überträgt stattdessen die Verwaltung des Nachlasses auf einen Nachlassverwalter, das heißt, er darf über das Vermögen oder auch einzelne Gegenstände nicht mehr bestimmen. Das ist dann Sache des Verwalters.

Schutz des privaten Vermögens

Dafür muss er aber auch nicht für die Schulden des Erblassers mit seinem privaten Vermögen geradestehen. Eventuelle Gläubiger des Erblassers können die Rückzahlung der

Schulden dann nur aus der Erbmasse vom Nachlassverwalter verlangen. Der Erbe mit seinem Privatgeld bleibt unbehelligt.

Beim Nachlassgericht beantragen

Die Nachlassverwaltung muss der Erbe beim Nachlassgericht beantragen. Das ist in der Regel das Amtsgericht des Ortes, an dem der Erblasser zuletzt gelebt hat. Gibt es mehrere Erben, so müssen diese den Antrag gemeinsam beim Gericht beantragen. Das geht nur so lange, wie die Miterben die Erbschaft noch nicht untereinander aufgeteilt haben.

Nachlassgläubiger

In Ausnahmefällen dürfen auch Nachlassgläubiger diesen Antrag stellen. Das sind Personen, bei denen der Erblasser vor seinem Tod noch Schulden hatte oder die ein Vermächtnis bekommen haben. Sie dürfen dann einen Antrag auf Nachlassverwaltung stellen, wenn sie befürchten, dass aufgrund der schlechten Vermögenslage des Erben oder wegen seines Verhaltens von der Erbschaft bald nichts mehr da sein wird. Wenn also absehbar ist, dass der Erbe das Geld lieber verschleudert, als davon die Verpflichtungen des Erblassers zu erfüllen, dann können auch die Gläubiger beantragen, dass das Erbe besser von einem Nachlassverwalter verwahrt wird.

Das Gericht ernennt einen Verwalter

Das Gericht bestimmt dann eine geeignete Person zum Nachlassverwalter. In der Praxis kann das auch der Testamentsvollstrecker sein. Die Aufgabe kann durchaus eine der Familie nahe stehende Person übernehmen, die auf das Gericht den Eindruck macht, die Aufgaben erledigen zu können. In keinem Fall darf der Erbe selbst als Nachlassverwalter eingesetzt werden.

Hat das Gericht eine Person zum Nachlassverwalter ernannt, so wird sie wie ein Vormund verpflichtet. Das Gericht macht die Ernennung dann in einem Amtsblatt oder der Tageszeitung öffentlich.

Hat der Erblasser letztlich dann doch mehr Schulden als Vermögen hinterlassen, dann kann das Gericht es mangels Masse auch ablehnen, einen Nachlassverwalter einzusetzen.

Nachlassverwaltung und Nachlassinsolvenz – Achtung: Schadensersatzrisiko!

Bei der Nachlassverwaltung wird ein Verwalter damit beauftragt, die Verbindlichkeiten des Erblassers zu begleichen. Reicht das Vermögen aus, sind die Gläubiger zufrieden und das persönliche Vermögen der Erben bleibt verschont.

Nachlass-insolvenz

Reicht der Nachlass nicht aus, um alle Ansprüche zu begleichen, muss der Nachlassverwalter auch das Insolvenzverfahren einleiten. Stellen Sie als Miterbe selbst fest, dass der Erblasser überschuldet war und sein Vermögen nicht ausreicht, die Ansprüche der Gläubiger zu bezahlen, müssen Sie die Eröffnung des Nachlassinsolvenzverfahrens beantragen. Stellen Sie den Antrag nicht oder viel später, machen Sie sich sogar schadensersatzpflichtig. Gläubiger, die weniger bekommen, als sie bei rechtzeitigem Insolvenzverfahren erhalten hätten, können Ersatz von Ihnen fordern. Darauf, dass Sie von der Überschuldung nichts gewusst haben, können Sie sich nicht berufen. Sie sind verpflichtet, sich über den Bestand des Nachlasses zu informieren.

Schadens-ersatz

Den Antrag müssen Sie beim Insolvenzgericht stellen. Es befindet sich beim Amtsgericht. Zuständig ist das Gericht, in dessen Bezirk der Verstorbene zuletzt wohnte.

TIPP

Antrag
Den Antrag auf Eröffnung der Nachlassinsolvenz können Sie auch schon beantragen, wenn Sie erkennen, dass die Zahlungsunfähigkeit droht.

In dem Nachlassinsolvenzverfahren werden die Forderungen der Gläubiger beglichen, soweit Nachlassvermögen vorhanden ist. Das Privatvermögen der Erben bleibt verschont.

Der Insolvenzantrag muss in jedem Fall innerhalb von zwei Jahren gestellt werden, sonst wird er als unzulässig verworfen.

Kein Verfahren mangels Masse

Das Gericht wird die Nachlassverwaltung oder das Insolvenzverfahren ablehnen, wenn das Vermögen des Erblassers so gering ist, dass es nicht einmal ausreicht, um davon das Verfahren einer Nachlassverwaltung und der Insolvenz zu bezahlen. Das Verfahren wird dann „mangels Masse“ abgelehnt. Gläubigern gegenüber können Sie als Erbe in diesem Fall die Dürftigkeitseinrede (korrekt: Unzulänglichkeitseinrede) erheben. Auch dann bezieht sich die Haftung nur noch auf den Nachlass. Sie können die Zahlung also verweigern. Diejenigen, die Ansprüche gegen den Verstorbenen haben, können die Zwangsvollstreckung in den Nachlass betreiben. Es wird dann alles versilbert, was noch vorhanden ist.

Dürftigkeitseinrede

TIPP

Viele Formalitäten
Wer die Unzulänglichkeitseinrede einlegen will, muss viele Formalitäten beachten. Nehmen Sie unbedingt anwaltliche Hilfe in Anspruch, wenn Sie diesen Weg gehen wollen.

Den Umfang der Verbindlichkeiten feststellen

Aufgebotsverfahren: Suche nach Gläubigern

Zu den Schulden des Erblassers gehören insbesondere Steuerschulden, Miete oder auch Bürgschaften und Ähnliches. Um sich einen Überblick zu verschaffen, wer noch Geld zu bekommen hat, können die Erben ein so genanntes Aufgebotsverfahren durchführen. Ihre Haftung begrenzen sie damit nicht. Das Gericht wird alle Gläubiger ermitteln, indem es durch öffentliche Bekanntmachung dazu auffordert, sämtliche Forderungen gegen den Verstorbenen innerhalb einer bestimmten Frist beim Nachlassgericht anzumelden.

Als Erbe sollten Sie mit Ihrem Aufgebotsantrag eine Liste mit Namen und Anschrift aller Nachlassgläubiger, die Ihnen bekannt sind, bei Gericht einreichen. Solange das Verfahren nicht beendet ist, können Sie sich weigern, an Gläubiger zu zahlen.

Sobald die Frist verstrichen ist, erlässt das Gericht auf Ihren Antrag hin ein Ausschlussurteil. Ein Gläubiger, der jetzt noch Forderungen erhebt, wird erst ganz zum Schluss bedient. Ist dann nichts mehr vorhanden, können Sie ihm entgegenhalten, dass der Nachlass aufgebraucht ist („Dürftigkeitseinrede“, siehe Seite 145).

Inventarliste

Auch Gläubiger können bei Gericht beantragen, dass den Erben eine Frist gesetzt wird, in der sie eine Liste über die Vermögenswerte und Verbindlichkeiten des Nachlasses (Inventarliste) erstellen müssen. Wer die Frist versäumt, haftet unbeschränkt für die Verbindlichkeiten des Nachlasses.

Sie sollten als Erbe deshalb gleich nach dem Erbfall eine Inventarliste erstellen und freiwillig beim Nachlassgericht einreichen. So kommen Sie den Gläubigern zuvor und haben gute Chancen, Ihre Haftung zu begrenzen.

Was kostet ein Nachlassverwalter – und was muss er leisten?

Ein Nachlassverwalter arbeitet natürlich nicht umsonst. Genauso wie ein Testamentsvollstrecker muss auch er bezahlt werden. Doch wie viel kann er verlangen?

Angemessene Vergütung

Im Gesetz steht zur Bezahlung des Verwalters nur, dass er eine „angemessene" Vergütung verlangen kann. Was angemessen ist, kann man leider keiner Tabelle entnehmen. Ähnlich wie bei der Vergütung des Testamentsvollstreckers gibt es keine verbindlichen Sätze. Vielmehr ist die Bezahlung sozusagen ortsüblich und nach Aufwand zu leisten. Es kommt also, wie so oft bei den Juristen, „darauf an". Hat der Nachlassverwalter ein besonders umfangreiches Erbe zu verwalten, muss er viel Arbeit investieren oder Anträge stellen. Ist die Verwaltung von langer Dauer, darf er mehr verlangen, als bei kurzer, einfacher Arbeit. Umgekehrt darf die Vergütung des Verwalters auch gekürzt werden, wenn er schlampig gearbeitet hat oder unnötig anwaltliche Beratung in Anspruch genommen hat.

Neben seiner Vergütung kann der Verwalter aber auch noch den Ersatz seiner Aufwendungen verlangen. Wenn er also beispielsweise Fahrtkosten hatte oder Geld für Porto oder Briefpapier zahlen musste, dann darf er das zusätzlich zu seiner Vergütung verrechnen.

Die Vergütung des Verwalters wird durch das Nachlassgericht festgesetzt. Der Verwalter darf sich sein Geld dann auch direkt vom Nachlass entnehmen, und zwar vorab. Das heißt, die anderen Gläubiger kommen unter Umständen erst an ihr Geld, wenn sich der Nachlassverwalter bedient hat. Das kann insbesondere dann von entscheidender Bedeutung sein, wenn der Nachlass überschuldet war.

KAPITEL 11

Mein Geld soll in eine Stiftung

„Nach meinem Tod geht mein ganzes Geld in eine Stiftung.“ Diese Feststellung hört sich an wie eine Drohung. Sie klingt nach Enterbung und nach richtig viel Geld. Doch von einer Stiftung kann auch die Familie profitieren – und superreich muss der Stifter auch nicht sein. Bereits ab 50.000 Euro lohnt es sich.

Schon ab 50.000 Euro

Stiftungen gibt es viele: von der Stiftung Organtransplantation über die Stiftung Lesen bis zur Willy-Brandt-Stiftung. Sie alle verfolgen einen bestimmten Zweck und finanzieren sich aus einem Stiftungsvermögen beziehungsweise den daraus anfallenden Erträgen.

Um eine Stiftung zu gründen, muss man weder berühmt noch eine große Organisation sein. Die Gründe dafür sind vielfältig. Mal will der Stifter einen gemeinnützigen Zweck verfolgen, mal soll die Familie vernünftig versorgt werden. Eine Stiftung ist auch eine echte Alternative, wenn man aus den unterschiedlichsten Gründen nicht möchte, dass die Familie einfach so alles erbt oder wenn man vielleicht auch gar keine Familie hat.

Was ist eine Stiftung?

Vom Prinzip her ist die Stiftung eine Vermögensmasse, die einem bestimmten Zweck dient. Sie hat in der Regel eine eigene Rechtsform, nämlich die der Stiftung des bürgerlichen Rechts. Normalerweise liegt ihr eine Satzung zugrunde, in der genau festgelegt ist, wie und wofür das

Die Stiftung verfolgt einen Zweck

Geld verwendet werden soll. Was in der Satzung steht, das bestimmt der Stifter. Er kann dabei regelrecht eigene Gesetze aufstellen. Was er sagt, gilt – so lange, wie die Stiftung existiert. Und das kann unter Umständen sogar mehrere hundert Jahre sein. Je nachdem, wie der Stifter das bestimmt hat.

Gründe für gemeinnützige Stiftung

Es gibt gemeinnützige Stiftungen und Familienstiftungen.

Eine **gemeinnützige Stiftung** wird zum Beispiel aus folgenden Gründen errichtet:

- Der Stifter will ein bestimmtes Projekt zielgerichtet unterstützen. Beispiel: Die Björn-Steiger-Stiftung setzt sich seit 1969 für die Optimierung von Rettungseinsätzen ein. Als der kleine Björn 1969 überfahren wurde, haben seine Eltern diese Stiftung gegründet und seitdem zahlreiche Notrufsäulen errichtet und das Rettungswesen in Deutschland entscheidend reformiert.
- Der Stifter hat keine Familie und will nicht, dass der Staat erbt.
- Der Stifter will sich eine Art Denkmal setzen. Durch seine Stiftung kann er auch nach seinem Tod anderen helfen.
- Der Stifter kann Steuervorteile nutzen, wenn er ohnehin mit einem Teil seines Vermögens karitativ tätig ist. Denn eine Stiftung bringt in der Regel für das Vermögen auch Steuervorteile mit sich.

Gründe für Familienstiftung

Eine **Familienstiftung** verfolgt meistens keinen wirklich gemeinnützigen Zweck. In der Regel soll das Geld für die Familie erhalten werden. Sie wird meist aus folgenden Gründen errichtet:

- Das Familienvermögen kann zusammengehalten werden. Die Erben bekommen dann nur die Erträge ausbezahlt. Gerade wenn man Angst hat, die Erben könnten das Geld verjubeln oder mit zu viel Geld an Charakter verlieren, kann es sinnvoll sein, das Vermögen in einer Stiftung professionell verwalten zu lassen und den Erben einen monatlichen Betrag auszuzahlen.

VORSICHT

Pflichtteilsanspruch

Die pflichtteilsberechtigten Erben haben auch bei der Übertragung des Vermögens an eine Stiftung ihren Pflichtteilsanspruch. Denn faktisch gehen sie im Erbfall ja erst mal leer aus. Sie können daher ihren Pflichtteil in Höhe der Hälfte des gesetzlichen Erbteils geltend machen.

- Meist sind die Steuersätze geringer, wenn das Vermögen einer Stiftung vererbt wird. Gerade bei größeren Vermögen kann sich das ganz massiv lohnen.
- Wenn ein Unternehmen vererbt wird, kann der Stifter sicher sein, dass es weiterhin erhalten bleibt, und nicht durch mehrere Erben, die sich vielleicht noch zerstreiten, zerschlagen wird.

Oft sind Stiftungen auch eine Kombination aus beidem. Ein Teil der Erträge oder des Vermögens wird für wohltätige Zwecke eingesetzt, ein anderer Teil kommt den Erben zugute.

BEISPIEL

Nicht nur wohltätig

Ein Unternehmer hinterlässt ein großes Vermögen, zu dem auch ein Hotel gehört. Er vererbt alles an eine von ihm gegründete Stiftung. Er bestimmt, dass das Hotel ein Rehabilitationszentrum wird, in dem krebskranke Kinder gesund gepflegt werden. Das Hotel steht somit den Erben nicht zur Verfügung. Allerdings sollen die Erben jeden Monat 3.000 Euro ausgezahlt bekommen, die aus den anderen Vermögensanlagen erwirtschaftet werden.

In Deutschland gibt es zurzeit etwa 7.500 Stiftungen. Jedes Jahr kommen etwa 200 neue dazu. Die meisten davon verfolgen gemeinnützige Zwecke, nur etwa fünf Prozent sind Familienstiftungen.

Wie errichtet man eine Stiftung?

Eines vorab: Wenn Sie eine Stiftung errichten wollen, dann sollten Sie sich auf alle Fälle fachlichen Rat einholen. Jede Stiftung ist so individuell, dass man sie nicht über einen Kamm scheren kann. Profis wissen genau, wie eine Satzung aussehen muss, wer am besten wie das Vermögen verwaltet und welche steuersparenden Kniffe es gibt.

Überlegen Sie zunächst:

Zweck
- Welchen Zweck soll die Stiftung haben? Soll es eine Familienstiftung werden oder eine gemeinnützige?

Sitz
- Wo soll die Stiftung ihren Sitz haben? Möglicherweise gibt es steuerlich günstige Alternativen zu Deutschland, wie etwa Liechtenstein oder die Kanalinseln Guernsey oder Jersey.

Name
- Wie soll die Stiftung heißen? Soll sie Ihren Namen tragen, also etwa die „Helga-Müller-Stiftung“? Oder besser den Zweck der Stiftung als Namen führen, also etwa „Stiftung Tiere in Not“? Die Entscheidung hängt von der persönlichen Einstellung des Stifters ab.

Vermögen
- Wie viel Vermögen aus dem Nachlass soll in die Stiftung fließen? Soll mein ganzer Nachlass einfließen oder nur ein Teil? Sollen vielleicht meine Kinder doch ganz normal erben und nur ein Betrag von 50.000 Euro einer Stiftung zugute kommen?

- Wie soll sich die Stiftung finanzieren? Werden immer nur die Erträge, also praktisch die Zinsen verwertet, oder darf das Vermögen insgesamt angetastet werden?

Finanzierung

- Wie soll die Stiftung verwaltet werden? In der Regel haben die meisten Stiftungen einen Stiftungsrat als Aufsichtsorgan und einen Vorstand. Nicht rechtsfähige Stiftungen haben oft noch einen Treuhänder. Manchmal macht auch eine externe Vermögensverwaltung mit. Auf alle Fälle sollten Sie sich über die Personen, die die Stiftung verwalten sollen, schon früh Gedanken machen und möglicherweise auch mit ihnen sprechen. Achten Sie darauf, dass der Vorstand und die Mitglieder des Aufsichtsrats nicht schon zu Beginn der Stiftung sehr alt sind.

Verwaltung

- Wie soll die Satzung aussehen? Die Satzung ist sozusagen das Gesetzbuch der Stiftung. Hier ist genau geregelt, welchen Zweck die Stiftung hat, wie sie sich finanziert, wer personell daran mitwirkt, was mit den Erträgen passiert und noch vieles mehr. Die Satzung manifestiert die Stiftung bis zum Schluss.

Satzung

Soll die Stiftung rechtsfähig sein, so braucht sie dazu eine staatliche Genehmigung. Die Genehmigungsbehörden sind unterschiedliche Landesbehörden. In den meisten Bundesländern führen die Regierungspräsidenten zudem noch die Aufsicht aus.

Staatliche Genehmigung

Noch zu Lebzeiten

Wenn Sie vorhaben, Ihr Vermögen einer eigenen Stiftung zu vererben, dann sollten Sie diese – wenn möglich – noch zu Lebzeiten errichten. Denn dann haben Sie die Möglichkeit, in der Anfangszeit noch aktiv mitzuarbeiten und zu gestalten.

KAPITEL 12

Wie kann ich noch vorsorgen?

Wer ein Testament gemacht hat, hat oft schon einmal eine gute Vorsorge für die Zeit nach dem Tod getroffen. Doch haben Sie sich schon einmal vorgestellt, was die Erben nach Ihrem Tod erwartet? Sie müssen sich erst einmal durch Ihre Unterlagen wühlen und herausfinden, was an Vermögen überhaupt da ist. Wo sind die entsprechenden Papiere dazu? Ist Ihr privater Aktenschrank so sortiert und beschriftet, dass jeder sich sofort darin zurechtfindet? Das dürfte bei den wenigsten Menschen der Fall sein.

Ordnung schaffen für die Erben

Es ist für die späteren Erben sehr hilfreich, wenn sie die Unterlagen des Erblassers geordnet und ordentlich abgeheftet vorfinden. Schnell übersehen sie sonst eine Lebensversicherung oder wissen nicht, bei wem sie den Mietvertrag für die Wohnung kündigen müssen. Stellen Sie den Erben deshalb am besten eine Checkliste zur Verfügung. Darin können Sie festhalten, was für die Erben wichtig ist und was wo zu finden ist: Lebensversicherungen, Bausparverträge, Konten und vieles mehr. Die Erben haben dann alles auf einen Blick vor sich.

Eine Checkliste hilft

Diese Checkliste erleichtert übrigens nicht nur Ihren Erben vieles – auch Sie selbst finden sich in Ihren Unterlagen besser zurecht. Die Checkliste können Sie deshalb auch nutzen, um endlich einmal Ordnung in Ihr Aktenchaos zu bringen.

Die Checkliste

Testament oder Erbvertrag

Meinen letzten Willen habe ich handschriftlich geschrieben und hinterlegt

bei/im ....

Ich habe ein notarielles Testament/Erbvertrag beim Notar .... gemacht.

Es ist hinterlegt bei ....

Meine Personalausweisnummer: ....

Konten

Ich besitze folgende Girokonten bzw. Sparkonten (Bank, BLZ, Kontonummer):

....

....

....

....

....

Sparbücher

Ich besitze Sparbücher bei folgenden Banken:

....

....

....

....

Ich bewahre die Sparbücher auf:

....

....

....

....

Banksafe

Ich besitze einen Banksafe mit der Nummer .... bei:

Im Banksafe befinden sich folgende Wertgegenstände:

....

....

....

....

....

....

....

Geld

Ich besitze weitere Geldanlagen (Aktiendepots, Aktienfonds, Sonstiges):

....

....

....

....

....

....

....

Ich habe folgende Bausparverträge:

bei: ....

Vertragsnummer: ....

bei: ....

Vertragsnummer: ....

bei: ....

Vertragsnummer: ....

bei: ....

Vertragsnummer: ....

Versicherungen

(Erbe: Versicherung schnell vom Tode des Erblassers informieren bzw. Versicherungen evtl. kündigen)

Ich besitze folgende **Lebensversicherungen**: (bitte immer die Versicherungssumme, Versicherungsgesellschaft und Versicherungsscheinnummer angeben)

Vers.Nr.: .... bei .... Höhe ....

Vers.Nr.: .... bei .... Höhe ....

Vers.Nr.: .... bei .... Höhe ....

Vers.Nr.: .... bei .... Höhe ....

Ich besitze **Krankenversicherungen** sowie Krankenzusatzversicherungen:

bei: .... Versicherungsnummer ....

bei: .... Versicherungsnummer ....

Ich habe eine **Haftpflichtversicherung** bei: ....

mit der Versicherungsnummer ....

Ich habe eine **Hausratversicherung** bei:........................

mit der Versicherungsnummer..

Ich habe eine **Unfallversicherung** bei: ....

mit der Versicherungsnummer ....

Meine **Rentenversicherung** bei der Bundesversicherungsanstalt/Landesversicherungsanstalt lautet: ....

Ich habe folgende **Kfz-Versicherungen**:

bei: .... Versicherungsnummer ....

bei: .... Versicherungsnummer ....

bei: .... Versicherungsnummer ....

Ich besitze noch folgende Versicherungen:

....

....

....

Immobilien

Ich besitze folgende Immobilien:

(Adresse und evtl. Wohnungsnummer oder Stockwerk angeben)

1. ....
2. ....
3. ....
4. ....
5. ....

Ich habe folgende Wohnungen/Häuser vermietet an:

1. ....
2. ....
3. ....
4. ....
5. ....

Kreditverträge

Folgende Kreditverträge bestehen noch (hierzu gehören auch Ratenzahlungsverträge und Leasingverträge):

bei/für: .... Höhe und monatl. Zahlung ....

bei/für: .... Höhe und monatl. Zahlung ....

bei/für: .... Höhe und monatl. Zahlung ....

Mitgliedschaften

(Erbe: kündigen)

Ich bin Mitglied in folgenden Vereinen, Gewerkschaften, Förderkreisen, Fitnessclubs, Vereinigungen etc.:

....

....

....

....

....

Ich habe folgende Zeitschriften/Tageszeitungen abonniert (Erbe: kündigen):

....

....

....

....

....

Digitaler Nachlass – Zugangsdaten

Ich habe folgende E-Mail-Konten: ....

E-Mail-Accounts: ....

E-Mail-Adresse ....

Passwort ....

Soziale Netzwerke wie Facebook, Instagram, Twitter

....

....

....

Benutzerkonten z.B. bei Amazon, ebay etc., Clouds, Paypal

....

....

....

....

....

....

Zugangsdaten zu elektronischen Geräten wie Computer, Laptop, e-Reader, Handy, Tablet

....

Sonstige Passwörter: (z.B.: Abonnements für Software)

....

....

Digitale Nachlassverwaltung

Hiermit bevollmächtige ich

Vorname: ....

Nachname: ....

Geburtsdatum: ....

Geburtsort: ....

Wohnort: ....

sich vollumfänglich um meinen digitalen Nachlass zu kümmern ☐*

sich um einen Teil meines digitalen Nachlasses zu kümmern ☐

* Zutreffendes bitte ankreuzen

Soll der/die Bevollmächtigte sich nur um einen Teil des digitalen Nachlasses kümmern, so bezieht sich das auf folgende Konten:

....

....

Ort, Datum und Ihre Unterschrift

Ich habe folgende Zeitschriften/Tageszeitungen abonniert (Erbe: kündigen):

....

....

....

....

....

Benachrichtigungen und Bestattung

Folgende Personen sollten im Falle meines Todes durch eine Todesanzeige benachrichtigt werden (evtl. Textwunsch anheften):

....

....

....

....

....

....

Es soll eine Anzeige in folgenden Tageszeitungen erscheinen (evtl. Textwunsch anheften):

....

....

....

....

Ich möchte folgende Bestattung:

Erdbestattung

Feuerbestattung

anonyme Bestattung

auf folgendem Friedhof (evtl. Grabnummer):

....

....

....